W0172581

INHALT

I Kernbereich

Einleitung

Als Buch von Praktikern für Praktiker wurde der vorliegende Band zum einen entwickelt in der Absicht, Lehrenden einen Leitfaden für die Planung eines sich an den Erfordernissen der Realität orientierten Unterrichts an die Hand zu geben, zum anderen aber auch, um ihnen abseits der inzwischen zahlreichen Lehrwerke zu dieser Fachsprache einen Überblick über die verschiedenen Aspekte der deutschen Wirtschaft zu ermöglichen.

Angesichts der immer größeren Nachfrage nach Wirtschaftsdeutsch werden auch in den nächsten Jahren viele Lehrende, die bislang nur regulären Deutschunterricht erteilt haben, vor der Aufgabe stehen, diese Fachsprache zu unterrichten. Der vor diesem Schritt bestehenden Unsicherheit zu begegnen, war den AutorInnen, allesamt Mitglieder des „Arbeitskreises Wirtschaftsdeutsch in Kanada", ein wichtiges Anliegen. Allerdings wird auch die erfahrenere Lehrkraft von den hier zum erstenmal in dieser Form zusammengestellten Informationen profitieren dürfen.

Wie hoch der Bedarf nach einer klaren Gliederung des Stoffes, besonders im Hinblick auf die Ablegung der „Prüfung Wirtschaftsdeutsch International" ist, zeigt die Tatsache, dass die vor vier Jahren vom kanadischen Arbeitskreis entwickelten Grundstrukturen, die den Ausgangspunkt für *Basiswissen Wirtschaftsdeutsch* bildeten, bereits mehrere hundert Mal als kopiertes Manuskript in zahlreiche Länder verschickt wurden. An einer beachtlichen Zahl von Unterrichtsinstitutionen nicht nur innerhalb Nordamerikas wird mittlerweile nach diesen Grundstrukturen unterrichtet. Auch die vom Arbeitskreis „Wirtschaftsdeutsch in Kanada" zusammen mit dem Goethe-Institut und der Deutschen Welle produzierten Videounterrichtseinheiten *Made in Germany* basieren bereits auf der hier weiterentwickelten Konzeption.

Der Band *Basiswissen Wirtschaftsdeutsch* enthält bewusst keine zeitlichen Vorgaben. Zu unterschiedlich sind die Voraussetzungen der einzelnen Bildungsinstitutionen. Das wesentliche Ordnungskriterium sind daher die Stoffgebiete. So finden wir im ***Kernbereich*** diejenigen Felder, deren Kenntnis bei Studierenden unbedingt vorauszusetzen ist, die sich beruflich in Deutschland oder von ihrem Heimatland aus mit der deutschen Wirtschaft auseinandersetzen müssen. Zur erfolgreichen Teilnahme an der Prüfung Wirtschaftsdeutsch International ist darüber hinaus die Beherrschung der drei Stoffgebiete des ***Erweiterten Bereichs*** zu empfehlen. Der ***Fakultative Bereich*** enthält Stoffgebiete, die Institutionen mit größerem zeitlichen Spielraum eine entsprechende Programmabrundung erlauben.

Die Nummerierung stellt weder eine Wertigkeit noch eine Chronologie dar, auch bleibt es der Lehrkraft überlassen, in welcher Reihenfolge sie die verschiedenen Stoffgebiete der Bereiche kompiliert.

Wichtiger Bestandteil von *Basiswissen Wirtschaftsdeutsch* ist der analog zu den Stoffgebieten zusammengestellte Fachwortschatz. Auch ein solches Kompendium der Fachlexik hat bislang noch nicht vorgelegen. In erster Linie für die Lehrenden gedacht, wird dieser Fachwortschatz voraussichtlich bald auch für Studierende auf der kanadischen Leitseite für Wirtschaftsdeutsch zur Verfügung stehen. Wenngleich sich auch die grundsätzlichen Parameter der deutschen Wirtschaft auf absehbare Zeit nicht ändern werden, so gibt es doch in fast allen Bereichen kontinuierliche Verschiebungen und Erneuerungen. Um dieser Tatsache Rechnung zu tragen, um mithin die Möglichkeit einer ständigen Aktualisierung zu bieten, werden im Quellenverzeichnis zu allen Stoffgebieten Internetadressen aufgeführt, mehr noch, es werden sogar zentrale Informationsstellen gelistet für den Fall, dass sich einige Internetadressen ändern sollten.

Unser besonderer Dank gilt an dieser Stelle Helfried W. Seliger, der im Auftrag des Goethe-Instituts Toronto die Arbeit der Projektgruppe koordiniert und maßgeblich zum Entstehen von *Basiswissen Wirtschaftsdeutsch* beigetragen hat. Hervorzuheben sind daneben die Verdienste von Hans Walter Frischkopf als Leiter des Projektes „Fachwortschatz".

Toronto, im September 1998

Bernd Desinger, Goethe-Institut Toronto

Curriculare Grundstrukturen

A. Stoffgebiete

I. Kernbereich

1. Wirtschaftssysteme
- Marktwirtschaft (soziale vs. freie)
- Planwirtschaft

2. Soziale Sicherheit
- Sozialversicherung: Kranken-, Renten-, Arbeitslosen-, Unfall- und Pflegeversicherung

3. Konjunkturindikatoren
- Konjunkturwellen und -phasen
- Zahlungsbilanz
- Leistungsbilanz (Handels-, Dienstleistungs-, Übertragungsbilanz)
- Wirtschaftsforschungsinstitute
- Sachverständigenrat

4. Marketing
- Marktforschung
- Produktpolitik
- Werbung
- Preispolitik
- Messen, Ausstellungen
- Vertrieb (z.B. Absatzwege, Handelsformen, Absatzmittler)

5. Banken- und Börsenwesen, Währungssysteme
- Banksysteme
- Banken, Sparkassen, Landeszentralbanken, Bundesbank
- Geld- und Zahlungsverkehr, Zahlungsarten, -mittel und -bedingungen
- Börsen (Devisen-, Wertpapier-, Waren-, Terminbörsen)
- Funktionen und Dienstleistungen von Banken und Börsen
- Währungspolitik (z.B. Auf-, Abwertung)
- Leitwährungen
- Wechselkurssicherung

6. Wirtschaftsgeographie Deutschlands und des eigenen Landes
- Wirtschaftsstruktur
- Bevölkerungsstruktur
- Infrastruktur
- Wirtschaftssektoren (rohstoffgewinnende Industrie, verarbeitende/produzierende Industrie, Handel und Dienstleistungen)
- wichtige Einfuhr- und Ausfuhrgüter / Güterverkehr
- nationale Besonderheiten (z.B. Arbeitszeit, Feiertage, Ladenschlussgesetz)

7. Europäische Union
- Währungsunion, Konvergenzkriterien
- Europäischer Wirtschaftsraum
- Organe der Europäischen Union
- Programme der Europäischen Union

II. Erweiterter Bereich

1. Unternehmensformen und -zusammenschlüsse
- Rechtsformen von Unternehmen – Einzelunternehmen, Personengesellschaften (OHG, KG), Kapitalgesellschaften (AG, GmbH), Genossenschaften
- Kartell, Syndikat, Konzern, Holding, Trust

2. Tarifparteien, Betriebsrat
- Arbeitgeber / Arbeitnehmer
- Tarifverträge
- Mitbestimmung

3. Nationale und internationale Organisationen und Einrichtungen
- Industrie- und Handelskammern, DIHT
- Gewerkschaften / Arbeitgeberverbände / Industrieverbände
- Auslandshandelskammern / Auslandsvertretungen
- Welthandelsorganisation und OECD
- Weltbank-Gruppe
- Handelszonen

III. Fakultativer Bereich

1. Kommunikationswesen
- Datenverarbeitung / Computer
- Internet
- Telekommunikation

2. Versicherungswesen
- Personenversicherungen
- Sachversicherungen

3. Abgaben und Steuern
- Direkte und indirekte Steuern
- Steuerarten
- Zölle

4. Innerbetriebliche Organisationsformen
- Hierarchie vs. Team
- Stabs- und / oder Linienfunktionen
- Organigramm und Arbeitsabläufe

B. Geschäftskorrespondenz und mündliche Kommunikation

Zu diesem Bereich stellt der „Arbeitskreis Wirtschaftsdeutsch in Kanada" keine weiteren Informationen zur Verfügung. Die Stoffgebiete unter „Geschäftskorrespondenz" verstehen sich von selbst, auf dem Markt gibt es hierzu gute und übersichtliche Literatur. Zur „mündlichen Kommunikation" in der deutschen Wirtschaft sind in der jüngsten Vergangenheit geeignete Videomaterialien erschienen.

I. Geschäftskorrespondenz

1. Warenverkehr / Transport / Vertrieb

- Anfragen (z.B. Firmennachweis, Exportmöglichkeiten)
- Angebote
- Bestellungen / Kaufverträge
- Bestätigungen / Widerruf / Ablehnung
- Auftragsabwicklung (z.B. Rückfragen, Lieferverzug, Versandmitteilungen, Lieferschein, Zahlungsanzeige, Zahlungsweise)
- Zahlungsaufforderung, Mahnschreiben
- Mängelrügen

2. Schriftverkehr im Personalbereich / Rundschreiben

- Bewerbungen – Anschreiben, tabellarischer und ausführlicher Lebenslauf (Ausbildung und Berufspraxis)
- Rundschreiben
- Ergebnisprotokolle

II. Mündliche Kommunikation

- Modellgespräche zu typischen kommunikativen Situationen in der deutschen Wirtschaft
- Besondere Muster / Mustermodifikationen bei Telefonaten

I. Kernbereich

1. Wirtschaftssysteme

(Bearbeitung: Ursula Sherman)

Ein Wirtschaftssystem ist ein Mechanismus, der im Wesentlichen drei Faktoren des wirtschaftlichen Lebens regelt:

- welche Waren und Dienstleistungen produziert werden;
- die Art und Weise der Produktion;
- die Verteilung der produzierten Waren und Leistungen.

Lernziel:
Klares Grundverständnis der möglichen Beziehungen von Staat und Wirtschaft zueinander, wobei drei grundlegende Varianten im Vordergrund stehen: Staat und Wirtschaft als praktisch selbstständige Bereiche; völlige Deckung der Bereiche; nur teilweise Überdeckung der Bereiche.

Im rein **marktorientierten Wirtschaftssystem** werden Entscheidungen über die oben genannten Faktoren der Initiative des Einzelnen überlassen, dessen Hauptantrieb zum wirtschaftlichen Handeln von dem Wunsch bestimmt wird, Gewinn zu erzielen. Voraussetzung für das Funktionieren eines solchen Systems sind gewisse gesetzliche Garantien wie:

- das Recht auf Privateigentum,
- das Recht auf freien Wettbewerb,
- die Konsumfreiheit.

Die Preise und die Verteilung der produzierten Ware werden durch den Markt reguliert, d.h. durch Angebot und Nachfrage. In diesem Wirtschaftssystem beschränken sich staatliche Eingriffe auf ein notwendiges Minimum, d.h. die Aufgabe des Staates liegt darin, die freie Entfaltung des Marktes zu erleichtern und zu garantieren und unlauteren Wettbewerb zu verhindern. Verfechter dieses Systems gehen davon aus: so wenig Staat wie möglich, nur so viel Staat wie nötig.

Am anderen Ende des Spektrums liegt die **Zentral- oder Planwirtschaft**. Hier werden alle wirtschaftlichen Abläufe von einer staatlichen Zentralinstanz koordiniert und kontrolliert. Diese Wirtschaftsordnung beruht auf der Überzeugung, dass nur durch die Zentralplanung eine gerechte Gewinnverteilung garantiert werde. Die Zentralplanung ist aber nur dann möglich, wenn die Produktionsmittel sich nicht in privater Hand, sondern im Besitz aller (Volkseigentum) befinden. Das System der Planwirtschaft lässt somit auch keine Privatwirtschaft zu. In diesem System wird die Leistung nicht am Gewinn, sondern an der Planerfüllung gemessen.

Während es wohl keine Nation gibt, die sich voll und ganz einem dieser beiden Systeme in Reinform verschrieben hat, so lassen sich doch die einzelnen Volkswirtschaften der einen oder anderen Seite zuordnen (USA–Freie Marktwirtschaft; Kuba, Albanien, Nordkorea–Planwirtschaft). Die meisten Nationen liegen mit ihrer Wirtschaftsordnung zwischen diesen beiden Polen.

Die **Soziale Marktwirtschaft** der Bundesrepublik Deutschland will auf der Grundlage des freien marktwirtschaftlichen Systems soziale Gerechtigkeit für alle garantieren. Praktisch heißt das, dass bei einem hohen Maß an individuellen Freiheiten (Konsum-, Gewerbefreiheit, Freiheit der Berufswahl und dem Recht auf Privateigentum) ein umfassendes soziales Netz dafür sorgt, dass jedem Bürger nicht nur seine Grundbedürfnisse, sondern auch ein beträchtlicher Anteil am erwirtschafteten Sozialprodukt in Form von Sozialleistungen zugute kommen. Eine Reihe von Gesetzen soll die Chancengleichheit für alle verbessern:

- Gesetz gegen unlauteren Wettbewerb,
- Rabattgesetz,
- Zugabeverordnung (verbietet, neben einer Ware oder einer Leistung Zugaben anzubieten),
- Warenzeichengesetz,
- Wirtschaftsstrafgesetz,
- Gesetz gegen Wettbewerbsbeschränkung (Kartellgesetz).

Die verfasssungsmäßig verankerte Tarifautonomie schützt die Sozialpartner vor staatlichen Eingriffen und soll garantieren, dass die wirtschaftliche Kapazität des Landes auch tatsächlich gerecht zwischen Arbeitgebern und Arbeitnehmern verteilt wird.

	Planwirtschaft	**Marktwirtschaft**
Grundprinzip	**Kollektivprinzip**	**Individualprinzip**
Träger der Planung	staatliche Zentrale	die einzelnen Wirtschaftssubjekte
Koordinationsprinzip	staatliche Befehle	Preisbildung auf den Märkten
Eigentum an den Produktionsmitteln	Staatseigentum	Privateigentum
Zielsetzung der Betriebe	Planerfüllung	Rentabilität
Entscheidungen über Investitionen	durch Plan vorgegeben	Entscheidung der Betriebe
Steuerung der Produktion	Sollziffern der Pläne	Marktgegebenheiten
Bestimmung des Verbrauchs	Gesamtumfang durch Planung, vorgegebenes Angebot	freie Konsumwahl
Einkommensverteilung	durch Zentrale reguliert	durch Beteiligung an der Produktion; Preisbildung auf Märkten für Produktionsmittel
Außenwirtschaft	Außenhandelsmonopol	Ein- und Ausfuhren durch freie Entscheidungen der Wirtschaftssubjekte

Abb. nach Lippens, *Im Kreislauf der Wirtschaft*, S. 152

Historische Anmerkung: Mit dem Zusammenbruch der planwirtschaftlichen Systeme in Osteuropa und der anvisierten Einbindung der einzelnen Länder in die EU stehen die Staaten vor der Aufgabe, das bisherige Volkseigentum in privatwirtschaftliche Hände zu überführen sowie die bisherige Planung den marktwirtschaftlichen Kräften zu überlassen. Eklatant und bisher einzigartig ist das Beispiel Deutschlands: bis zum Einigungsvertrag (1990) war die DDR der Zentralwirtschaft, die BRD aber der Sozialen Marktwirtschaft verpflichtet. Seit 1990 gilt Letztere in Gesamtdeutschland. Diese Systemumwandlung stellt für die gesamte deutsche Wirtschaft eine ungeheure Herausforderung und Belastung dar.

2. Soziale Sicherheit

(Bearbeitung: Ursula Sherman)

Die staatliche Sozialpolitik geht in Deutschland auf eine lange und stolze Tradition zurück. Sie begann schon im Jahre 1881 und wurde in der Folgezeit kontinuierlich ausgebaut. Das Grundgesetz der BRD ruht im Wesentlichen auf zwei Grundpfeilern: der Gesetzlichkeit und der sozialen Gerechtigkeit. Der Leitgedanke jeder Sozialpolitik ist das solidarische Einstehen der Gemeinschaft für den sozial Schwächeren, ebenso wie der sogenannte Generationenvertrag (die arbeitende Bevölkerung ist verpflichtet, die nicht mehr arbeitende Bevölkerung mitzufinanzieren). Neben dem Staat und den Ländern und Gemeinden haben auch andere Organisationen (Kirche, Gewerkschaften, Arbeitgeberverbände, Genossenschaften) teil an dieser Aufgabe. Ging es anfangs im Wesentlichen um die materielle Besserstellung der Minderbemittelten, so gewannen im Laufe der Zeit auch immaterielle Hilfen zunehmend an Bedeutung (z.B. Umschulung, Fortbildung). Das System der sozialen Sicherung orientiert sich an drei Prinzipien: dem Versicherungs-, dem Fürsorge- und dem Versorgungsprinzip.

Lernziel: Überblick über das Netz der sozialen Sicherung innerhalb der Sozialen Marktwirtschaft. In den alten wie auch in den neuen Bundesländern ist der größte Teil der Bevölkerung in das soziale Netz eingebunden. Das Kernstück des sozialen Netzes der Bundesrepublik bildet die Sozialversicherung.

■ Sozialversicherung

Hierbei handelt es sich um eine Reihe von Pflichtversicherungen für Arbeiter, Angestellte und einen Teil selbständig Arbeitender. Die Finanzierung der Sozialversicherung erfolgt durch Beiträge der Versicherten, wobei die Höhe des Beitrages nach dem Solidaritätsprinzip bestimmt wird, d.h. die leistungsfähigeren Partner müssen durch höhere Beiträge die niedrigeren Beiträge der sozial schwachen Teilnehmer ausgleichen, und jeder Versicherte hat im Grunde Anspruch auf gleiche Leistungen. Die Höhe der Beitragszahlungen richtet sich nach der Höhe der Einkommen. Neben der Pflichtversicherung für alle Arbeitnehmer gibt es auch die Möglichkeit für Höherverdienende, Privatkrankenversicherungen und Privataltersversicherungen abzuschließen.

● Krankenversicherung

Versicherungsträger ist das bundesdeutsche Gesundheitswesen durch seine verschiedenen Ortskrankenkassen (ebenso Innungs-, Betriebs-, und Landwirtschaftliche Krankenkassen). Für Angestellte spielen auch die Ersatzkassen eine Rolle. Krankenversichert sind auch Rentner, Arbeitslose und alle Auszubildenden. Die Leistungen: Im Krankheitsfall bekommt das Mitglied finanzielle Unterstützung, ärztliche und zahnärztliche Behandlung, Krankenhausaufenthalt und Arzneimittel, sowie nachfolgende therapeutische Behandlung. Mutterschaftshilfe gehört ebenfalls zu den Leistungen der Krankenkassen.

Die Lohnfortzahlung durch den Arbeitgeber ist gesetzlich geregelt (bis 1996 waren es 100% für die Dauer von 6 Wochen, seit der Neuregelung sind es per Gesetz nur noch 80%), danach zahlt die Krankenkasse ein Krankengeld von bis zu 85% des Nettolohns. Die Versicherungsbeiträge zahlen Arbeitgeber und Arbeitnehmer zu je gleichen Anteilen.

- **Rentenversicherung**

Hier gibt es verschiedene Versicherungsträger, je nachdem ob es sich um Arbeiter oder Angestellte oder Beamte handelt. Die Beiträge richten sich nach der Höhe des Bruttolohnes und werden durch gleich hohe Zahlungen des Arbeitgebers ergänzt. Durch diese Beiträge erwirbt jeder Arbeitnehmer das Recht auf eine Rentenzahlung, nachdem er die gesetzliche Altersgrenze erreicht hat. Bei Invalidität tritt der Anspruch auf Rente entsprechend früher in Kraft (Frührente).

Seit 1957 sind die Renten dynamisch, d.h. wenn der Durchschnittsverdienst aller Arbeitenden steigt, werden auch die Renten angehoben. Normalerweise beträgt die Rente zwei Drittel des Nettoverdienstes, allerdings kann die Rente auch geringer sein, wenn nicht genügend Versicherungsjahre vorhanden sind. Die Erhaltung, Besserung und Wiederherstellung der Erwerbsfähigkeit des Versicherten gehören ebenfalls zu den Aufgaben der Rentenversicherung.

Im Todesfall haben die Hinterbliebenen Anspruch auf Witwen- bzw. Waisenrente. Versicherungsträger sind die staatlichen Rentenanstalten. Viele Betriebe gewähren zudem betriebliche Rentenversicherungen, die die staatlichen Renten ergänzen sollen (Betriebsrenten).

- **Arbeitslosenversicherung**

Hier sollen die materiellen Folgen der Arbeitslosigkeit gemildert werden. Die Arbeitslosenversicherung wird von Arbeitnehmern und Arbeitgebern je zur Hälfte getragen. Die Leistungen der Arbeitslosenversicherung bestehen in der Zahlung von Arbeitslosengeld, Arbeitslosenhilfe sowie Kurzarbeits- und Schlechtwettergeld. Bei Eintritt der Arbeitslosigkeit zahlt die Bundesanstalt für Arbeit über die Arbeitsämter zunächst 63% (bzw. 68% für Arbeitslose mit Kindern) des vormaligen Nettolohnes, nach einem Jahr zahlt die Arbeitslosenhilfe nur noch 56%.

Die Bundesanstalt für Arbeit (BA) ist eine Bundesbehörde mit dem Recht auf Selbstverwaltung. Sie steht unter Aufsicht des Bundesministeriums für Arbeit. Zu ihren Aufgaben gehören, außer den oben genannten Leistungen, auch Umschulung, Berufsberatung und Förderung beruflicher Fortbildung. Die BA hat ihren Sitz in Nürnberg.

- **Unfallversicherung**

Die Beiträge zur gesetzlichen Unfallversicherung zahlt ausschließlich der Arbeitgeber. Sie tritt in Kraft bei Unfällen am Arbeitsplatz, ebenso auf dem Hin- oder Rückweg zum Arbeitsplatz und bei berufsbezogenen Krankheiten. In Deutschland sind alle Arbeitnehmer und Landwirte, seit 1971 auch alle Schüler, Studenten und Kinder in den Kindergärten unfallversichert. Träger der gesetzlichen Unfallversicherung sind die Berufsgenossenschaften, die jeweils alle Betriebe eines Berufszweiges in einem bestimmten Gebiet umfassen.

Die oben genannten Versicherungen betreffen alle Arbeitnehmer in der BRD; sie sind alle lohn- bzw. gehaltsbezogen. Daneben gibt es eine Unzahl weiterer staatlicher sozialer Leistungen wie Sozialhilfe, Kindergeld, Wohngeld und Versorgungsleistungen, die allein aus Steuergeldern finanziert werden.

3. Konjunkturindikatoren

(Bearbeitung: Helfried W. Seliger)

Im Wirtschaftsprozess wechseln Perioden des schnelleren Wachstums mit solchen einer verlangsamten Zunahme der Produktion oder gar rückläufiger Entwicklung ab. Diesen schwankenden Verlauf des Wirtschaftsgeschehens, dieses ewige Auf und Ab, bezeichnet man als **Konjunktur**. Die Schwankungen können Folge teils äußerer Einflüsse (Kriege, Naturkatastrophen, Bevölkerungsentwicklung usw.) sein, teils sind sie auf das Verhalten von Verbrauchern, Unternehmen oder Staat zurückzuführen.

Diese Veränderungen in der gesamtwirtschaftlichen Entwicklung treten zwar mit gewisser Regelmäßigkeit ein, aber es lässt sich hierbei kein fester Rhythmus feststellen. Die **Konjunkturtheorie** versucht, das Zustandekommen der **Konjunkturwellen** zu erklären. Man wendet verschiedene methodische Verfahren an, um den gegenwärtigen konjunkturellen Verlauf zu bestimmen oder den künftigen vorauszusagen. Man unterscheidet dementsprechend zwischen **Konjunkturdiagnose** und **Konjunkturprognose**. Dabei werden bestimmte variable makroökonomische Größen, sogenannte **Konjunkturindikatoren** über vergleichbare Zeiträume hinweg verglichen, um so die Entwicklung genau verfolgen zu können.

Lernziel: Globales Verständnis der wichtigsten allgemeinen Zusammenhänge der wirtschaftlichen Prozesse und wie deren Veränderungen das gesamtwirtschaftliche Geschehen prägen.
Kenntnis der einzelnen Konjunkturphasen sowie der häufig von Experten beobachteten **Konjunkturindikatoren**, mittels derer die wirtschaftliche Lage entweder für das ganze Land oder nur einzelne Branchen beurteilt wird. Die erstellten Gutachten und Analysen bilden die Grundlage für wichtige Entscheidungen in Unternehmen, ja ganzen Wirtschaftszweigen und können weitreichende Folgen für die **Konjunkturpolitik** der Regierung haben.

Im normalen Sprachgebrauch bezieht sich der Begriff „**Konjunktur**“ auf die allgemeine Geschäftslage („gute“ bzw. „schlechte“ K.). In der Wirtschaftswissenschaft hingegen verweist der Begriff auf alle nichtsaisonalen periodischen Schwankungen der gesamten Wirtschaftstätigkeit.

Die wirtschaftliche Entwicklung oder der Wirtschaftsprozess verläuft nämlich in Wellenbewegungen. Der Verlauf der Konjunktur zwischen zwei aufeinanderfolgenden Hochpunkten wird als Konjunkturwelle oder -zyklus bezeichnet. Je nach der Länge solcher Perioden unterscheidet man:

1. **lange**, 45–60 Jahre dauernde **Konjunkturwellen** („*Kondratieff-Zyklus*“),
2. **mittlere**, von 7–11 Jahren Dauer („*Juglar-Zyklus*“) sowie
3. **kurze**, 3–5 Jahre dauernde („*Kitchin-Zyklus*“).

Innerhalb eines Zyklus unterscheidet man wiederum vier verschiedene **Konjunkturphasen**, für die jeweils typische Merkmale gelten:

1. **Aufschwung / Prosperität / Expansion**
   Immer größer werdender Anstieg in den Bereichen Produktion, Umsatz, Gewinn, Beschäftigtenzahl, Investitionen; verbesserte Kapazitätsauslastung, erhöhter privater Konsum, zunehmendes Volkseinkommen.
2. **Hochkonjunktur / Boom**
   Volle Kapaziätsauslastung. In den verschiedenen Industrien beginnen sich Engpässe abzuzeichnen. Steigende Tendenz bei Zinsen und Preisen. Die Unternehmen nehmen Investitionen in großem Umfang vor.
3. **Abschwung / Kontraktion / Rezession**
   Rückgang der privaten Investitionen und Nachlassen des Konsums; sinkende Gewinne und Löhne, fallende Kapazitätsauslastung, zunehmende Arbeitslosigkeit, Nachfrage lässt nach.
4. **Tiefstand / Depression**

Als Maßstab für die Beurteilung der jeweiligen Lage der Wirtschaft innerhalb eines solchen Zyklus dienen sogenannte **Konjunkturindikatoren**. In ihrem halbjährlich erscheinenden Bericht „Die wirtschaftliche Lage der Bundesrepublik Deutschland" stützt sich die Bundesregierung auf sogenannte „gesamtwirtschaftliche Eckdaten" oder „Orientierungsdaten", die sie aufgrund der von den Wirtschaftsforschungsinstituten gesammelten Informationen erstellt. Hierbei werden folgende Bereiche als **Konjunkturindikatoren** berücksichtigt:

1. **Bruttosozialprodukt (BSP)**
2. **Auftragslage**
3. **Produktion und Kapazitätsauslastung**
4. **Einzelhandelsumsätze** (untergliedert nach Wirtschaftszweigen)
5. **Arbeitsmarkt** (Erwerbstätige, Arbeitslose, Kurzarbeiter, offene Stellen)
6. **Preise**. Preisindex für die Lebenshaltung privater Haushalte (vgl. „Warenkorb"), Verbraucher- und Erzeugerpreise, Außenhandels- und Weltmarktpreise etc.
7. **Außenwirtschaft**. Einfuhr und Ausfuhr nach Warengruppen und Ländern, Salden der Handels-, Leistungs- und Zahlungsbilanz; Währungsbestände.
8. **Geld und Kredit**. Bankkredite im Inland. Nettoforderungen der Kreditinstitute gegenüber dem Ausland. Geldmenge M1, M2, M3.
9. **Zinssätze**. Bundesbankzinsen: Diskontsatz, Lombardsatz, Geldmarktzinsen, etc.
10. **Löhne und Gehälter**
11. **Steuereinnahmen von Bund und Ländern**

Das konjunkturelle Geschehen im Vergleich zum Ausland lässt sich anhand der Veränderungen in den verschiedenen Teilbilanzen der **Zahlungsbilanz** ablesen. Da die Zahlungsbilanz sämtliche Transaktionen zwischen dem In- und Ausland festhält, liefert sie wichtige Informationen über die wirtschaftliche Verflechtung mit dem Ausland. Die Zahlungsbilanz ist zwar immer ausgeglichen, weil jeder Leistung eine Gegenleistung (z.B. Warenausfuhr vs. Deviseneinnahmen) entspricht, aber ihre Teilbilanzen spiegeln das stete Auf und Ab des Wirtschaftsgeschehens genauestens wider. So ist zum Beispiel für die Beurteilung der internationalen Stellung eines Landes die Leistungsbilanz maßgeblich. Ein positiver Saldo in der Leistungsbilanz ist ein Zeichen für den wirtschaftlichen Erfolg auf internationaler Ebene.

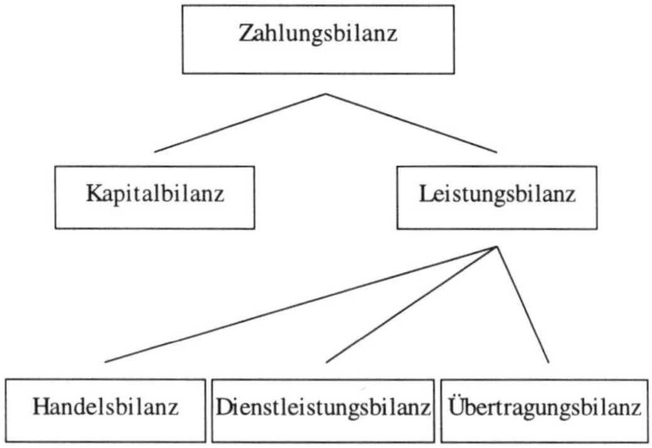

Devisenangebot – Devisennachfrage		
Bilanzarten	**Posten**	**Posten**
Handelsbilanz	Warenausfuhr	Wareneinfuhr
Dienstleistungsbilanz	Reiseverkehr von Ausländern im Inland Einnahmen im Schiffsverkehr	Reiseverkehr von Inländern im Ausland Ausgaben für fremde Schiffe
Übertragungsbilanz	Überweisungen von im Ausland beschäftigten Inländern Überweisungen von internationalen Organisationen	Zahlungen an internationale Organisationen Überweisungen von ausländischen Arbeitnehmern ins Ausland
Kapitalbilanz	Kreditaufnahme im Ausland Kapitalzustrom aus dem Ausland	Schuldrückzahlungen an das Ausland Kapitalflucht

Abb. nach Lippens, *Im Kreislauf der Wirtschaft*, S. 135

Auf dem Gebiet der **Konjunkturforschung** sind zahlreiche Einrichtungen tätig, d.h. sie analysieren die aktuelle und sich abzeichnende konjunkturelle Entwicklung und erstellen Konjunkturdiagnosen und Konjunkturprognosen. Ihre Gutachten schließen oft Empfehlungen an die Politiker ein, wie wirtschaftliche Fehlentwicklungen vermieden oder korrigiert werden können. Auf diesem Forschungsgebiet sind der **Sachverständigenrat** sowie die sechs großen **Wirtschaftsforschungsinstitute** tätig.

Sachverständigenrat oder die **„fünf Weisen“**:
Der „Sachverständigenrat zur Begutachtung der gesamtwirtschaftlichen Entwicklung“ (SVR) besteht aus fünf hochqualifizierten Wirtschaftswissenschaftlern, die auf Vorschlag der Bundesregierung vom Bundespräsidenten berufen werden. Diese fünf Experten oder „fünf Weisen“ werden auf fünf Jahre berufen und sind weder der Regierung noch dem Parlament verantwortlich. Sie erstatten jeweils bis zum 15. November der Regierung ein sog. **Jahresgutachten**, in dem sie die gesamtwirtschaftliche Lage und deren absehbare Entwicklung beurteilen. Sie untersuchen, inwiefern die gesetzlich festgelegten vier wirtschafts- und finanzpolitischen Ziele verwirklicht werden: angemessenes Wirtschaftswachstum, Preisstabilität, hoher Beschäftigungsgrad und außenwirtschaftliches Gleichgewicht (auch als **„Magisches Viereck“** bekannt). Die Bundesregierung ist verpflichtet, zu den Jahresgutachten Stellung zu nehmen.

Wirtschaftsforschungsinstitute: private und öffentliche Institutionen, die im Bereich der empirischen Wirtschaftsforschung oder **Konjunkturforschung** tätig sind:
Deutsches Institut für Wirtschaftsforschung (DIW), München
Institut für Weltwirtschaft (IfW), Kiel
Ifo-Institut für Wirtschaftsforschung, München
Rheinisch-Westfälisches Institut für Wirtschaftsforschung (RWI), Essen
Institut für Wirtschaftsforschung (HWWA), Hamburg
Institut für empirische Wirtschaftsforschung (IEW), Halle

Hier sei auch auf das von Verbänden und Unternehmen der privaten Wirtschaft getragene Wirtschaftsforschungsinstitut, nämlich das „Institut der Deutschen Wirtschaft e.V.“ mit Sitz in Köln verwiesen, das jährlich das Bändchen *Zahlen zur wirtschaftlichen Entwicklung der Bundesrepublik Deutschland* herausgibt.

Konjunkturtest: Vom Ifo-Institut entwickeltes Verfahren der Wirtschaftsbeobachtung. Dabei werden ca. 6000 Unternehmer der Industrie, des Groß- und Einzelhandels über ca. 300 Industrieerzeugnisse monatlich per Post über die im Berichtsmonat eingetretenen tendenziellen Veränderungen befragt, und zwar über Produktion, Umsatz, Auftragseingänge, Lagerbestände, Verkaufspreise sowie über die Einschätzung dieser Vorgänge durch die Unternehmer selbst und über ihre Zukunftspläne. Bei der Beantwortung der Fragen gibt es lediglich drei Alternativmöglichkeiten: „gestiegen/unverändert/gefallen“ oder „gut/befriedigend/schlecht“. Auf diese Weise lassen sich Entwicklungstendenzen für bestimmte Erzeugnisse ermitteln. Aufgrund der schnellen, detaillierten Informationen über Vorgänge, die aus üblichen Statistiken nicht ablesbar sind (z.B. Umsatz-, Lager-

und Auftragsbestände sowie die Erwartungen der Unternehmer), ergibt sich eine ziemlich genaue Marktbeobachtung. Das Ifo-Institut verwendet die Ergebnisse als Indikatoren für seine laufenden **Konjunkturdiagnosen** und **Konjunkturprognosen**.

Konjunkturpolitik: Regierung und Notenbank betreiben aktive Konjunkturpolitik, indem sie durch bestimmte wirtschafts- und finanzpolitische Maßnahmen versuchen, die Konjunkturschwankungen möglichst zu vermindern bzw. zu vermeiden. Ziele der Konjunkturpolitik sind die Vermeidung konjunktureller Arbeitslosigkeit, die Stabilisierung des Preisniveaus, außenwirtschaftliches Gleichgewicht und angemessenes Wirtschaftswachstum (vgl. „Magisches Viereck").

4. Marketing

(Bearbeitung: Helfried W. Seliger)

Ursprünglich bezog sich der Begriff Marketing lediglich auf die Absatzwirtschaft, d.h. auf die Vermarktung von bereits existierenden Produkten oder Dienstleistungen. So wie sich der **Verkäufermarkt** zu einem **Käufermarkt** änderte, vollzog sich auch eine Wandlung in der Sichtweise der Unternehmer. Dem Marketing wurden zunehmend breitere Funktionen zugeschrieben, insbesondere solche, die der Herstellung eines Produktes vorausgehen.

Im weitesten Sinne umfasst das Marketing heutzutage alle von einem Unternehmen durchgeführten Aktivitäten, die einen Absatz ermöglichen oder erleichtern, d.h. das Marketing ist zu einem die Unternehmensführung bestimmenden Konzept geworden, das die Bedürfnisse der Abnehmer in den Mittelpunkt stellt.

Zu diesen Aktivitäten gehören in erster Linie die **Marktforschung**, um die existierenden oder potenziellen Bedürfnisse der Konsumenten festzustellen, die **Produktentwicklung** und das **Produktmanagement**, die Wahl der günstigsten **Vermarktungsstrategie** des betreffenden Produkts, die Wahl der besten Methode zu seinem **Vertrieb (Distribution)**, die **Werbung (Promotion)** für das Produkt, die Festlegung der Verkaufspreise oder die **Preispolitik** und nicht zuletzt die Sorge um die weitere Zufriedenheit des Käufers durch die Qualität des **Kundendienstes**.

Lernziel: Kenntnis der mannigfaltigen Aspekte des Marketing von der Marktanalyse über Produktpolitik, Werbung und Vertrieb bis zur Preispolitik sowie Verständnis ihrer Interrelation.

■ Marktforschung

Durch das Sammeln und Analysieren von Informationen versucht die Marktforschung, ein möglichst genaues Bild über gewisse Aspekte des Marktes zu gewinnen. Gegenstand der Untersuchung sind die **Beschaffungsmärkte** (Lieferanten, Lieferfristen, Preise, Qualität usw.) und **Absatzmärkte**.

Bei letzteren ist es im Interesse des Unternehmers, über das **Marktvolumen** einer bestimmten Produktgruppe oder Branche informiert zu sein, d.h. er muss ihren Gesamtumsatz kennen, um seinen eigenen **Marktanteil** festzustellen und das **Marktpotential**, also die noch verbleibende Aufnahmefähigkeit des Marktes, abschätzen zu können. Für ein erfolgreiches Bestehen im Wettbewerb ist die Marktforschung durch folgende Bereiche fast unerlässlich geworden:

- Erstellung kurz- und langfristiger **Marktprognosen**
- Bereitstellung verlässlicher Angaben über Stärken und Schwächen der **Konkurrenz**
- Analysen des **Verbraucherverhaltens**, der Wünsche, Bedürfnisse und Gewohnheiten der Konsumenten
- Einschätzung der Chancen für die Einführung neuer Produkte (**Produktinnovation**)

Bei der Aufarbeitung bereits vorhandenen Datenmaterials sowohl innerhalb (z.B. Absatzstatistiken) als auch außerhalb des Unternehmens spricht man von **Sekundärforschung**. Sie stützt sich vor allem auf Datenmaterial aus privater (Wirtschaftsforschungsinstitute, Presse) und öffentlicher Hand (Statistisches Bundesamt in Wiesbaden und Statistische Landesämter).

Einen größeren Aufwand an Zeit und Kosten erfordert die **Primärforschung**, bei der aktuelle Daten durch eigenes Beobachten und Erfragen oder durch Experimente gewonnen werden. Die weitaus wichtigste Erhebungsmethode ist die Befragung, entweder schriftlich per **Fragebogen** oder mündlich durch zwar kostenintensivere **persönliche Interviews**, deren „Rücklaufquote" jedoch höher liegt und bei denen sich etwaige Missverständnisse durch Erläuterungen oder Rückfragen zum größten Teil vermeiden lassen.

Um eine größtmögliche Deckung von Verbraucherwünschen und Produktangebot zu gewährleisten, werden **Verbraucherprofile** entworfen, die anzusprechende(n) **Zielgruppe(n)** genauer definiert und schließlich der Markt nach Verbrauchergruppen, die sich durch gemeinsame spezifische Eigenschaften auszeichnen, in sogenannte **Marktsegmente** geteilt.

Diese **Marktsegmentierung** kann nach verschiedenen Gesichtspunkten erfolgen, und zwar nach **demographischen** (Alter, Beruf, Geschlecht, Bildung), **geographischen** (Bundesland, Region, Stadt vs. Land) oder **psychographischen Kriterien** (soziale Schicht, Lebensstil, Persönlichkeit, Kaufmotivation).

■ Produktpolitik

Im Marketing versteht man unter „Produkt" gemeinhin alles, was auf einem Markt angeboten werden kann und ein Bedürfnis oder einen Wunsch des Verbrauchers befriedigt, d.h. es kann sich auf ein Objekt, eine Dienstleistung oder gar eine Organisation oder Idee beziehen.

Die verschiedenen Strategien, deren Zweck es ist, neue Produkte zu entwickeln, auf den Markt zu bringen, sie dort durchzusetzen oder wieder vom Markt zurückzuziehen, fasst man unter dem Begriff „Produktpolitik" zusammen. Hierzu gehören:

- **Produktentwicklung, -planung, -innovation.** Um konkurrenzfähig zu bleiben, müssen Unternehmer ständig neue Produkte entwickeln und auf den Markt bringen.
- **Produktdifferenzierung, -variation.** Jedes Produkt sollte sich irgendwie von anderen Produkten mit ähnlichen Funktionen in Aspekten wie Preis, Design, Styling oder Qualität unterscheiden, um in seiner *Produktklasse* hervorzustechen.
- **Produktdiversifikation.** Mit der Identifikation eines neuen tragfähigen Marktsegments wird ein Unternehmen zusätzliche Produkte in seine bereits bestehende *Produktlinie* aufnehmen.
- **Produkteliminierung**. Produkte haben ihren eigenen Lebenszyklus. Haben sie sich überlebt oder sind sie unprofitabel geworden, wird man sie vom Markt zurückziehen.

Die Mehrheit neuer Produkte verschwindet wieder relativ rasch vom Markt im Gegensatz zu den wenigen führenden **Markenartikeln**, für die eine hohe **Marktdurchdringung** typisch ist. Markenartikel sind gekennzeichnet durch ihren **Namen**, ihr **Warenzeichen** oder **Logo**, ihre gleichbleibende **Aufmachung** und **Ausstattung** und bürgen für gleichbleibende **Qualität**. Meist sind sie national bzw. international bekannt und passen sich den ständig wechselnden Verbraucherwünschen an.

■ Werbung

Die Werbung bildet einen der Kernbereiche des Marketing und nutzt verschiedene **Werbeträger** (Medien), um die Verbraucher zum Kauf von Gütern und Dienstleistungen zu motivieren. Die **Werbemethoden** variieren in Komplexität von einfachen Anschlägen oder Anzeigen (Inseraten) in Zeitungen bis zu koordinierten **Werbekampagnen** in mehreren Werbeträgern zur gleichen Zeit: z.B. Reklame in Zeitschriften, Werbespots in Radio und Fernsehen, durch Poster und Plakate an Litfaßsäulen, und sonstiges **Werbematerial** wie Werbebriefe, Broschüren, Prospekte, Mustersendungen oder Kostproben.

Um die erwünschte Wirkung zu erzielen, werden Werbeagenturen engagiert, die in professioneller Weise den Konsumenten die Botschaft des Herstellers übermitteln und sie zum Kauf anregen. Die Marketing-Kommunikation hält sich meist an die **Hierarchie der Werbewirkungen**, die folgende Phasen umfasst: Bewusstsein, Kenntnis, Gefallen, Präferenzen, Überzeugung, Kauf. Die sog. AIDA-Formel beschreibt auf einprägsame Weise die Reihenfolge der einzelnen psychischen Prozesse, die von einer erfolgreichen Kommunikation ausgelöst werden:

A	Attention	Erregung von Aufmerksamkeit
I	Interest	Erweckung von Interesse
D	Desire	Weckung von Wünschen
A	Action	Motivierung zur Handlung (Kauf)

■ Messen und Ausstellungen

Zu einem ausgereiften Marketingkonzept gehört auch die Teilnahme an Messen und Ausstellungen. Aufgrund seiner Lage im Herzen Europas und seiner bis in das frühe Mittelalter zurückreichenden Tradition der Messen hat sich Deutschland zu einem klassischen Messeland entwickelt.

Messen sind Marktveranstaltungen, die in regelmäßigen Abständen am gleichen Ort stattfinden und ein umfassendes Angebot eines oder mehrerer Wirtschaftszweige (allgemeine oder Fachmesse) präsentieren. Hauptsächlich für Händler und gewerbliche Abnehmer gedacht, sind sie unmittelbar auf Geschäftsabschlüsse zwischen Herstellern und Wiederverkäufern ausgerichtet. An die Stelle der einstigen **Universalmessen** oder **Mustermessen,** bei denen noch versucht wurde, das gesamte Angebot der Konsum- und Investitionsgüterindustrie zu *einer* Zeit an *einem* Ort zu konzentrieren, sind die heutigen branchenspezifischen **Fachmessen** getreten, wo aufgrund ausgestellter Muster verkauft wird.

Die allgemeine Öffentlichkeit hat normalerweise keinen Zutritt zu den Messen. Für den Endverbraucher gibt es dafür **Ausstellungen**, die mehr auf die werbende Präsentation von Produkten und Firmen zugeschnitten sind. **Fachausstellungen** dienen zur Information über einzelne Wirtschaftszweige, **allgemeine Ausstellungen** hingegen der Darstellung bestimmer Wirtschaftsräume oder bestimmter wirtschaftlicher Probleme. Ausstellungen dienen mehr der Repräsentation und Information, weniger dem Verkauf. Bekannte Ausstellungen sind z.B. die Deutsche Bootsausstellung in Hamburg oder die Deutsche Funkausstellung mit wechselndem Standort.

Die Beteiligung an einer Messe erfordert gründliche Vorbereitungen, von der Gestaltung eines **Messestandes** sowie der Auswahl und Beschaffung von Werbemitteln und Informationsmaterialien bis hin zur Erstellung von Kundenlisten, der Verschickung von Einladungen und der Herausgabe von Presseinformationen.

Die Messebesucher (meist Händler) können sich mit relativ geringem Aufwand einen Überblick über das gesamte Angebot auf einem Markt verschaffen, während die Aussteller (Hersteller bzw. Großhandel) sich bestens über Angebot und Leistung ihrer Konkurrenten informieren und Genaueres über die Bedürfnisse der Nachfrager in Erfahrung bringen können.

Gründe für die Messebeteiligung eines Unternehmens sind vor allem die Präsentation der eigenen Produkte und Dienstleistungen vor Fachkreisen, die Gewinnung neuer Kunden, die Einführung neuer Produkte, die Beobachtung der Konkurrenz und insbesondere die Knüpfung neuer Kontake im In- und Ausland. Die auf den Messen herrschende Auftragslage dient mitunter als wichtiges Konjunkturbarometer. Die Organisation und Durchführung der Messen obliegt meist öffentlichen Unternehmen, sogenannten **Messegesellschaften**. Fast zwei Drittel der rund 150 international führenden Fachmessen finden in Deutschland statt. Im Jahre 1994 kamen 43% der über 132.000 Aussteller auf bundesdeutschen Messen aus dem Ausland.

Zu den wichtigsten Messestädten zählen Hannover, Frankfurt, Köln, Düsseldorf, Leipzig, München, Nürnberg und Offenburg. Die international bekanntesten Fachmessen sind die Hannover Messe (Industrie), die CeBIT (Computer-, Büro-, Informations- und Telekommunikationstechnologie), ebenfalls in Hannover, die BAUMA (Baumaschinen) in München, die ANUGA (Weltmarkt Ernährung) in Köln, die Frankfurter Buchmesse, die IAA (Automobile), ebenfalls in Frankfurt, die IGEDO (Mode) in Düsseldorf, die Offenbacher Lederwarenmesse sowie die Nürnberger Spielwarenmesse.

■ Distribution (Vertrieb)

Der Prozess, in dem Produkte vom Erzeuger zum Verbraucher gelangen, wird als **Distribution** bezeichnet. Der **Absatz** vom Hersteller an den Endabnehmer kann **direkt** erfolgen (Direktmarketing/direkter Absatz) oder **indirekt** durch Einschaltung unabhängiger Zwischenhändler, meist Groß- und Einzelhändler. Beim indirekten Absatz entstehen sog. **Absatzketten,** z.B. *Hersteller – Großhandel – Einzelhandel – Endabnehmer* oder *Hersteller – Handelsvertreter – Endabnehmer*. Die **Distributionspolitik** umfasst sämtliche Entscheidungen, die im Zusammenhang mit dem Weg eines Produkts zum Endverbraucher getroffen werden wie z.B. die Wahl der **Absatzkanäle** und der **Absatzorganisation,** nämlich der Aufgliederung und Verteilung der Aufgaben innerhalb und außerhalb des Unternehmens bezüglich der Absatzmärkte.

■ Preispolitik

Im Rahmen der Absatzpolitik fällt der Preispolitik mitunter die wichtigste Rolle zu. Bei der **Preisfestsetzung** wird ein Unternehmen verschiedene Strategien anwenden, um sich im Wettbewerb zu behaupten. Bestimmte Überlegungen oder eine Kombination davon wirken auf die Preisbildung ein: die Orientierung am zu erzielenden **Gewinn**, an den zu deckenden **Kosten**, an den von der **Konkurrenz** geforderten Preisen oder an der bestehenden **Nachfrage**. Die Preisbildung kann auch rein psychologisch orientiert sein, wenn das Kaufverhalten gewisser Zielgruppen bewusst angesprochen wird (z.B. Image der Exklusivität durch hohes Preisniveau).

Angesichts der sich stets ändernden Marktverhältnisse bedienen sich Unternehmer verschiedener Instrumente der **Preisanpassung**, um ihre Marktposition zu behaupten oder zu verbessern. Sie werden daher ihre **Geschäfts-, Zahlungs-** und **Lieferbedingungen** dementsprechend gestalten, Kredite einräumen, Skonto oder verschiedene Arten von Rabatten (z.B. Mengen-, Funktions- und Zeitrabatte) gewähren.

Die drei herausragenden Ziele des modernen Marketing, nämlich die Befriedigung der Verbraucherwünsche, die rechtzeitige Erkennung etwaiger Marktveränderungen sowie die schnellstmögliche Anpassung an sie verdeutlichen, wie stark die Produktion vom Markt her bestimmt wird. Jedem Unternehmen obliegt es, ein eigenes **Marketingkonzept** zu entwickeln und es durch ein passendes **Marketing-Mix** umzusetzen.

Marketing-Mix	
Produkt-Mix ● Produktqualität ● Sortiment ● Marke ● Kundendienst	**Preis-Mix** ● Preis ● Kredite ● Rabatt ● Skonto
Distributions-Mix ● Logistik (Lagerung, Transport, Lieferzeit) ● Absatzkanäle (Vertriebswege, Verkaufsorganisation)	**Kommunikations-Mix** ● Public Relations ● Persönlicher Verkauf ● Verkaufsförderung ● Werbung

5. Bank- und Börsenwesen, Währungssysteme

(Bearbeitung: Helfried W. Seliger)

Im modernen Wirtschaftsprozess wird dem schnellen Transfer von Geld- und Sachwerten höchste Bedeutung zugemessen. Während sich Banken traditionsgemäß mehr auf den Handel und Austausch von Geldwerten zu konzentrieren pflegten, befassten sich Börsen eher mit dem Handel bzw. Austausch von Gütern und Sachwerten. Inzwischen sind diese Grenzen jedoch fließend geworden. International gesehen hat sich in den einzelnen Staaten ein jeweils unterschiedlich organisiertes Bank- und Börsenwesen entwickelt.

Beim grenzüberschreitenden Geld- und Kapitalverkehr bestimmen die jeweils geltenden Wechselkurse die festgelegten Äquivalente zwischen den einzelnen Landeswährungen. Unter „Währung" versteht man im weiteren Sinne die in einem Staat bestehende Ordnung des Geldwesens. Eine Währung hat einen Außenwert (Wechselkurse) und einen Binnenwert (Kaufkraft). Die Sicherung eines stabilen inneren und äußeren Wertes der Landeswährung ist die Hauptaufgabe der Zentralbank (Deutsche Bundesbank), der dafür ein umfangreiches geld-, kredit- und währungspolitisches Instrumentarium zur Verfügung steht.

Lernziel: Vermittlung eines Überblicks über die im nationalen und internationalen Transfer von Geld- und Sachwerten wirksamen Institutionen und deren unterschiedliche Organisationsformen und Aufgabenbereiche, damit ihr gegenseitiges Zusammenwirken transparent wird. Kenntnis der Deutschen Bundesbank und ihrer Aufgaben, der verschiedenen in Deutschland üblichen Banktypen sowie deren Bedeutung. Rolle und Funktion der Börsen. Aspekte des Geld- und Zahlungsverkehrs sowie der Währungspolitik.

■ Banken

Banken oder Kreditinstitute sind Unternehmen, die gewerbsmäßig Handel mit Geldkapital und gewisse mit dem Geldhandel verbundene Dienstleistungen durchführen. Zu den Bankgeschäften gehören vor allem:

- das ***Kreditgeschäft*** (Aktivgeschäft), d.h. die Vergabe von Krediten;
- das ***Einlagengeschäft*** (Passivgeschäft), d.h. die Entgegennahme von Einlagen sowie die Ausgabe von Schuldverschreibungen;
- die Abwicklung des ***Zahlungsverkehrs***;
- das ***Devisengeschäft***, d.h. der Handel mit ausländischen Währungen.

Daneben bieten sie je nach Banktyp eine breite Palette von Dienstleistungen, z.B. Hypotheken, Emission und Verkauf von Wertpapieren, An- und Verkauf von Sondermünzen, Bausparverträge, An- und Verkauf von Edelmetallen, Versicherungen, Finanzberatung etc.

■ Banksysteme

Grundsätzlich unterscheidet man zwischen einem *Spezialbankensystem* und einem *Universalbankensystem*. In einigen Ländern wie den USA, Frankreich und Japan hat sich ein System durchgesetzt, bei dem einzelnen Banken jeweils nur bestimmte Bankfunktionen gestattet sind. Es herrscht eine Aufgabenteilung zwischen den einzelnen Spezialbanken, die sich auf wenige Teilbereiche des Bankgeschäfts beschränken, z.B. Effektengeschäft, Kreditgeschäft oder Einlagengeschäft.

In Deutschland herrscht dagegen im Prinzip ein Universalbankensystem. Das heißt, der Großteil der Banken (ca. 80%) sind Universalbanken, denen sämtliche Bankgeschäfte erlaubt sind. Auch die Schweiz, Österreich, die Niederlande und Kanada haben ein Universalbankensystem.

■ Das Bankensystem der BRD

Ende 1994 gab es in der Bundesrepublik insgesamt 3872 Kreditinstitute mit rund 44500 Zweigstellen. Davon waren 3651 Universalbanken und 221 Spezialbanken. Im Bankensektor lässt sich derzeit ein zunehmender Konzentrationsprozess beobachten. In dem relativ kurzen Zeitraum von 1991 bis 1994 ist bei konstant bleibender Anzahl von Zweigstellen die Zahl der Universalbanken um fast 600 zurückgegangen. Universalbanken, auch Geschäftsbanken genannt, lassen sich in drei große Gruppen unterteilen:

UNIVERSALBANKEN

1. Private Geschäftsbanken
Hierzu gehören die Großbanken (Deutsche Bank, Dresdner Bank, Commerzbank), denen aufgrund ihrer Größe und überregionalen Ausrichtung besonderes Gewicht zukommt, des weiteren die Regionalbanken (z.B. Augsburger Aktienbank, Bayerische Vereinsbank), deren Aktivitätsbereich weitgehend auf eine bestimmte Region beschränkt ist, Privatbankiers, d.h. Inhaber privater Banken, sowie die Zweigstellen ausländischer Banken. Zusammen bestreiten sie ca. 30% des Geschäftsvolumen aller Universalbanken.

2. Öffentlich-rechtliche Kreditinstitute (Sparkassen und deren Girozentralen)
Sparkassen sind bedeutende Banken in Deutschland, die in öffentlich-rechtlicher Form betrieben werden. Sie wurden durch Länder, Kreise und Städte errichtet, die auch für etwaige Verluste aufkommen müssen. Sparkassen arbeiten immer in ganz bestimmten Regionen und sind mittlerweile in allen Geschäftsbereichen aktiv. Auf sie entfallen 50% des Geschäftsvolumens aller Universalbanken.

3. Genossenschaftliche Kreditinstitute
In der zweiten Hälfte des 19. Jahrhunderts zum Zweck der Selbsthilfe von Genossenschaften des Kleingewerbes und der Landwirtschaft gegründet, versorgten sie zunächst kapitalschwache Betriebe mit kurz- und mittelfristigen Krediten. Mittlerweile zu Universalbanken gediehen, bestreiten sie 20% des Geschäftsvolumens aller Universalbanken.

Die gewerblichen Genossenschaftsbanken heißen *Volksbanken*, die ländlichen *Raiffeisenbanken* (nach dem Sozialreformer Friedr. Wilh. Raiffeisen, 1818–1888). Die genossenschaftlichen Zentralbanken haben im Wesentlichen dieselbe Funktion für den Genossenschaftsbereich wie die Girozentralen bei den öffentlich-rechtlichen Kreditinstituten.

Spezialbanken

Banken, die sich auf besondere Aufgaben und Geschäftsarten beschränken, nennt man Spezialbanken. Die Spezialisierung kann sich auf bestimmte Kundenkreise (z.B. Mittelstandsbetriebe, Reedereien) oder auf Teilaspekte des Bankengeschäfts (Hypotheken, Bürgschaften, Bauspargeschäfte) beziehen.

Die Deutsche Bundesbank

Als Zentralbank der Bundesrepublik mit Sitz in Frankfurt a.M. ist die Deutsche Bundesbank streng von den Geschäfts- und Spezialbanken zu unterscheiden. Als Bank des Staates und Bank der Banken besteht ihre Aufgabe in der Regelung des Geldumlaufs (einschließlich der Ausgabe von Banknoten) und der Kreditversorgung der Wirtschaft mit dem Ziel, die Stabilität der Währung (stabile Kaufkraft!) zu erhalten. Außerdem hat die Bundesbank für die bankmäßige Abwicklung des Zahlungsverkehrs im Inland und mit dem Ausland zu sorgen. Sie ist zwar verpflichtet, die allgemeine Wirtschaftspolitik der Bundesregierung zu unterstützen, jedoch nur insoweit, als ihre eigenen Aufgaben dies zulassen. Bei der Ausübung ihrer Befugnisse ist die Bundesbank von den Weisungen der Bundesregierung unabhängig.

Organe der Bundesbank

Der *Zentralbankrat* ist das oberste Beschlussorgan der Bundesbank und setzt sich aus dem Präsidenten, dem Vizepräsidenten, den weiteren Mitgliedern des Direktoriums und den Präsidenten der Landeszentralbanken zusammen. Er bestimmt die Währungs- und Kreditpolitik der Bundesbank. Das *Direktorium* ist als geschäftsführendes Organ für die Durchführung der Beschlüsse des Zentralbankrats verantwortlich. Es leitet und verwaltet die Bank.

In den Bundesländern unterhält die Bundesbank 9 Hauptverwaltungen mit der Bezeichnung *Landeszentralbanken (LZB)*. Sie sind für die Geschäfte und Verwaltungsangelegenheiten im zugehörigen Bereich (jeweils ein bis drei Länder) zuständig.

Instrumente der Bundesbank

Zur Erfüllung der ihr übertragenen Aufgaben betreibt die Bundesbank eine Geldpolitik, d.h. sie versucht die Geldmenge und Kreditversorgung der Wirtschaft mit dem Ziel der Währungsstabilität zu regeln. Ansatzpunkt dieser Politik ist die Liquidität und damit der Kreditspielraum der Banken. Hierauf nimmt die Bundesbank mit Hilfe der ihr zur Verfügung stehenden Instrumente Einfluss. Um eine Geldentwertung (Inflation) zu verhindern, muss die Versorgung der Wirtschaft mit Geld knapp gehalten werden. Andererseits muss aber Geld so reichlich zur Verfügung stehen, dass Produktion und Beschäftigung nicht wegen Geldknappheit beeinträchtigt werden.

Die Bundesbank verfügt über eine Reihe von Instrumenten, über deren Einsatz sie selbst bestimmt.

1. Zinspolitische Instrumente

Durch die Festsetzung des Diskont- und Lombardsatzes sowie die Durchführung von Wertpapierpensionsgeschäften kann sie die Zinssätze beeinflussen.

Der ***Diskontsatz*** (auch: Bankrate) ist ein auf Jahresrate umgerechneter Zinssatz, zu dem die Bundesbank Wechsel von den Kreditinstituten ankauft. Die Diskontpolitik ist das klassische Instrument einer Zentralbank zur Beeinflussung der Zinsen im Rahmen ihrer Geld- und Währungspolitik.

Der ***Lombardsatz*** ist ein Zinssatz, zu dem die Bundesbank kurzfristige Darlehen an Kreditinstitute gegen Verpfändung bestimmter Wertpapiere vergibt. Der Lombardsatz liegt im allgemeinen 1% - 2% über dem Diskontsatz.

Die ***Wertpapierpensionsgeschäfte*** sind inzwischen zum eigentlichen Steuerungsinstrument der Zentralbank geworden. Die Bundesbank erwirbt von den Banken bestimmte Wertpapiere und vereinbart gleichzeitig mit ihnen den Rückkauf dieser Papiere zu einem vereinbarten Termin. Für die Zeit zwischen Kauf und Verkauf erhalten die Kreditinstitute von der Bundesbank Liquidität, zahlen aber hierfür einen Zins, der gewöhnlich zwischen dem Diskont- und dem Lombardsatz liegt. Durch die Festsetzung dieses Zinssatzes sowie den Umfang der Wertpapierpensionen kann die Bundesbank den Geldmarkt sehr flexibel beeinflussen.

2. Liquiditätspolitische Instrumente

Die Bundesbank erweitert oder verengt den Kreditspielraum der Banken durch die quantitative und qualitative Begrenzung der Diskont- und Lombardkredite. Ein weiteres Instrument ist die Mindestreservepolitik. Nach Paragraph 16 des Bundesbank-Gesetzes müssen alle Kreditinstitute bestimmte Prozentsätze der ihnen von Einlegern zur Verfügung gestellten Gelder als Mindestreserve zinslos auf einem Konto bei der Bundesbank unterhalten. Durch die Veränderung der Mindestreservesätze kann das Kreditangebot der Banken und die Kreditnachfrage innerhalb der Wirtschaft gesteuert werden. Mindestreserveerhöhungen zielen auf eine Abbremsung der gesamtwirtschaftlichen Nachfrage, z.B. bei imminenter Inflationsgefahr.

3. Offenmarktgeschäfte

Die Bundesbank kauft und verkauft handelbare Wertpapiere am offenen Markt, um den Geldmarkt zu regeln.

4. Wechselkurspolitik

Obwohl die Festlegung der internationalen Wechselkurse in den Kompetenzbereich des Bundesfinanzministers fällt, ist die Bundesbank dazu verpflichtet, dafür zu sorgen, dass die im *Europäischen Währungssystem (EWS)* vereinbarten Wechselkurse innerhalb bestimmter Bandbreiten eingehalten werden. Aus wirtschafts- und währungspolitischen Gründen, z.B. um kurzfristig starken Kursschwankungen entgegenzuwirken, kann sie jedoch andere Währungen kaufen und verkaufen.

■ Börsenwesen

Im Gegensatz zu Wochenmärkten, Auktionen oder Messen, wo die gehandelten Waren oder Muster greifbar vorrätig sind, ist dies beim Börsenhandel nicht der Fall. Eine Börse ist ein streng organisierter, regelmäßig stattfindender Markt, auf dem standardisierte Produkte gehandelt werden, die nach Maß, Zahl, Gewicht oder Qualität genau definiert sind, damit sie reibungslos untereinander austauschbar (*fungibel*) sind. Die Vielfalt der Börsenarten lässt sich zwar nach verschiedenen Gesichtspunkten systematisieren, in einem Punkt sind sie sich jedoch alle gleich: Angebot und Nachfrage bestimmen den Preis oder, wie man an der Börse sagt, den *Kurs*.

■ Börsenarten

1. Nach dem Grad der Automation unterscheidet man zwischen den klassischen, manuell arbeitenden **Präsenzbörsen**, bei denen die Börsenmakler und Bankvertreter noch persönlich auf dem Parkett anwesend sind wie bei der *Frankfurter Wertpapierbörse (FWB)*, und den vollautomatisierten **Computerbörsen** wie der *Deutschen Terminbörse (DTB)* in Frankfurt, bei der die Teilnehmer von beliebigen Orten der BRD aus per Computer mit dem Börsenzentralrechner in Frankfurt verbunden sind. Zwischen diesen beiden Polen existieren bereits zahlreiche computerunterstützte Übergangsformen. Im Zuge der technischen Entwicklung werden die traditionellen Präsenzbörsen jedoch rasch an Boden verlieren.
2. Nach der Erfüllungsfrist der getätigten Geschäfte unterscheidet man zwischen **Kassabörsen** und **Terminbörsen**. An den Kassabörsen ist das Geschäft zum *Kassakurs* zu erfüllen, d.h. es ist sofort bzw. binnen zwei Börsentagen zu liefern und zu zahlen. Bei Terminbörsen sind die abgeschlossenen Verträge erst zu einem späteren Termin (drei bis neun Monate) zu erfüllen.
3. Nach dem Handelsverfahren lässt sich eine Differenzierung zwischen **Auktionsbörsen** und **Handelsbörsen** vornehmen. Auktionsbörsen sind z.B. die deutsche *amtliche Notiz* oder *Notierung* (Ermittlung eines marktgerechten Kurses) oder die New York Stock Exchange. Hier treffen Angebot und Nachfrage zu einem bestimmten Zeitpunkt gesammelt direkt aufeinander. In Deutschland erfolgt die Kursfeststellung durch amtliche *Kursmakler*, die vom Staat bestellt und vereidigt sind. An den Handelsbörsen hingegen kommen die Abschlüsse durch Händler zustande, die auf eigene Rechnung arbeiten, d.h. die in den Papieren, für die sie zuständig sind, selbst An- und Verkaufspreise stellen, zu denen sie abzuschließen bereit sind (z.B. Deutsche Terminbörse).
4. Normalerweise unterscheidet man die Börsen auch nach den an ihnen gehandelten Objekten. An den **Effekten- oder Wertpapierbörsen** werden z.B. *Aktien, Anleihen, festverzinsliche Wertpapiere, Obligationen, Optionsscheine, Optionen* und *Pfandbriefe* gehandelt. Daneben gibt es **Devisenbörsen** für den Handel mit ausländischen Währungen und **Dienstleistungsbörsen**, die sich auf den Handel mit Dienstleistungen spezialisiert haben. Hierzu gehören die verschiedenen Versicherungsbörsen der Schifffahrt und des Luftverkehrs sowie die Transportbörsen, an denen Frachtverträge und Frachtversicherungsverträge abgeschlossen werden. In Deutschland wird auf der Hamburger Versicherungsbörse das ganze Transportversicherungsgeschäft national und zum Teil international (neben Rotterdam und London) abgewickelt. Schließlich gibt es noch **Waren- oder Produktenbörsen**, wo die verschiedensten Erzeugnisse und Rohstoffe (z.B. Gold, Kakao oder Schweinebäuche) gehandelt werden. Beispiele sind die Hamburger Kaffeebörse und Zuckerbörse oder die Bremer Baumwollbörse.

Börsenplätze gibt es in Deutschland insgesamt acht: Berlin, Bremen, Düsseldorf, Frankfurt a.M., Hamburg, Hannover, München und Stuttgart. Der Handel findet jeweils werktags von 10.30 Uhr bis 13.30 Uhr statt.

Die **Börsengeschäfte** selber lassen sich nach der zeitlichen Orientierung und nach der Handlungsmotivation des Börsenteilnehmers charakterisieren. Nach der Zeitorientierung unterscheidet man zwischen den sofort zu erfüllenden *Kassageschäften* und den *Termingeschäften*. Nach dem Handlungsmotiv kann man unterscheiden zwischen *Spekulationsgeschäften (trading)*, *Sicherungsgeschäften (hedging)* und *Arbitrage* (Ausnutzung von kurzfristigen Preisdifferenzen). Die Geschäfte werden von einem zum Börsenhandel zugelassenen Personenkreis abgewickelt. Hierzu gehören:

Kursmakler. Sie sind freiberufliche Kaufleute, die im Auftrag des Börsenvorstands bei der amtlichen Feststellung der Wertpapierkurse mitwirken. Vor Beginn ihrer Tätigkeit werden sie auf ihre Pflichten vereidigt.

Freimakler sind an der Börse zugelassene freie Makler, die im Gegensatz zum amtlichen Kursmakler nicht an der Festlegung der Kurse beteiligt sind. Sie können aber nicht nur Geschäfte vermitteln, sondern auch auf eigene Rechnung abschließen. Sie handeln vor allem mit Wertpapieren im nichtamtlichen Markt, also im *geregelten Freiverkehr*.

Den Wertpapierbörsen kommt innerhalb der Wirtschaft eines hochindustrialisierten Landes wie der Bundesrepublik eine besondere Bedeutung zu, denn die hohen Investitionen der Unternehmen (Anschaffung von Maschinen, aufwendige Forschungs- und Entwicklungsprojekte sowie die Einführung neuer Technologien) können von Einzelpersonen nicht mehr finanziert werden. Deshalb entfallen inzwischen zirka 60% der industriellen Produktion auf Aktiengesellschaften. In manchen Industriezweigen wie z.B. dem Fahrzeugbau oder der Erdölverarbeitung sind fast nur Aktiengesellschaften tätig. Aber auch in anderen Geschäftszweigen wie dem Banken- und Versicherungswesen oder den Versorgungsbetrieben im Energiesektor sind die Großfirmen durchwegs Aktiengesellschaften. In der Bundesrepublik gibt es über 7 Millionen private Besitzer von Aktien.

Die Aufgabe und Bedeutung der Effektenbörsen liegt vor allem darin, dem Kapitalmarkt als Umschlag- und Bewertungsstelle von Wertpapieren zu dienen. Nur hier haben die Aktionäre die Möglichkeit, ihre Wertpapiere jederzeit wieder in Geld einzulösen. Der jeweilige Kurs wird aus den Preisvorstellungen aller Anbieter und Nachfrager gebildet. Auf diese Weise wird überhaupt erst die Voraussetzung geschaffen, ein genügend großes Interesse für die Geldanlage in Form von Wertpapieren zu wecken.

Die von den Aktionären bei der Erstausgabe der Aktien zur Verfügung gestellten Mittel werden als das *Eigenkapital* der Aktiengesellschaft bezeichnet. Der Aktionär kann sie zwar vom Unternehmen nicht zurückfordern, doch kann er seine Aktien durch sein Geldinstitut an der Börse verkaufen lassen und sie dadurch in Bargeld zurückverwandeln. Der neue Aktionär übergibt also sein Geld nicht an das Unternehmen, sondern an den vorherigen Eigentümer. Das Unternehmen kann sich neues Eigenkapital verschaffen, indem es das *Grundkapital* durch die Ausgabe neuer Aktien, sogenannter *Junger Aktien*, gegen Barzahlung erhöht. In der Regel haben diese „jungen" Aktien gegenüber den „alten" einen *Dividenden*-Nachteil.

Das Geschäft an der Börse muss für den Anleger transparent sein. Es ist daher unbedingt notwendig, mit den wichtigsten Begriffen des Wertpapierhandels vertraut zu sein. Wie könnte man sonst den Wirtschaftsteil einer Zeitung oder die Börsennachrichten im Radio oder Fernsehen verstehen oder den Wert seiner Anlagen überprüfen? Zur leichteren Verfolgung der Kursentwicklungen an der Börse wurden einzelne Indizes eingeführt, die bisweilen auch etwas über den Zustand der Gesamtwirtschaft aussagen. Der inzwischen bekannteste Indikator der BRD ist der 1988 als amtliches Börsenbarometer eingeführte **DAX** (**D**eutscher **A**ktieninde**x**), der aus den Aktienkursen der 30 größten und umsatzstärksten Unternehmen ermittelt wird. Daneben gibt es den **DAX 100**, der aus den 100 größten und umsatzstärksten Aktien des Primärmarktes errechnet wird und sich in 10 Branchenindizes gliedert.

Hier konnte ein ziemlich komplexes Thema nur stichwortartig umrissen werden, zu dessen genauerem Verständnis man mit zusätzlichen Begriffen vertraut sein sollte: *Amtlicher Markt* und *Freiverkehr*, *Baisse* und *Hausse*, *Stammaktie* und *Vorzugsaktie*, *Arbitrage* und *Courtage*, *Nennwert* und *Kurswert*, *Dividende* und *Rendite*, *Börsenaufsicht* und *Börsenzulassung*, *Kursbildung* und *Kurs-Gewinn-Verhältnis (KGV)* etc.

■ Währung

In der Umgangssprache werden die Begriffe 'Geld' und 'Währung' zwar oft synonym gebraucht, doch in der Fachsprache der Wirtschaft ist das meist anders. Der Begriff **Geld** bezieht sich auf das innerhalb einer Volkswirtschaft allgemein anerkannte gesetzliche Zahlungsmittel. Man unterscheidet dabei zwischen zwei Formen, nämlich **Bargeld** (Banknoten und Münzen) und **Buch- oder Giralgeld** (Guthaben von Kunden bei Kreditinstituten). Buchgeld ist immaterieller Natur, wird auf einem Konto verbucht und durch den bargeldlosen Zahlungsverkehr bewegt. Buchgeld ist jederzeit in Bargeld und umgekehrt konvertierbar.

Spricht man von **Währung,** dem gesetzlichen Zahlungsmittel eines Staates, so ändert sich die Blickrichtung auf die internationale Ebene. Eine Währung hat einen **Außenwert** (Wechselkurs) und einen **Binnenwert** (Kaufkraft). Wie bereits erwähnt, obliegt es der Deutschen Bundesbank, die Stabilität des inneren und äußeren Wertes der deutschen Währung zu wahren.

■ Währungssystem / Währungsordnung

Das internationale Währungssystem bildet die Grundlage für die reibungslose Abwicklung des internationalen Waren-, Dienstleistungs- und Kapitalverkehrs. Während in der Zeit vor dem Ersten Weltkrieg die wichtigsten Handelsnationen noch den internationalen **Goldstandard** hatten, lösten sich in der Folgezeit immer mehr Länder davon. Nach dem Zweiten Weltkrieg versuchte man mit dem **Bretton-Woods-System** eine Neuordnung, bei dem der Dollar die **Leitwährung** war. Als Währungsreserven galten Gold, das britische Pfund und insbesondere der US-Dollar. Mit Ausnahme der Ostblockländer legten die Länder den Außenwert ihrer Währungen in US-Dollar oder Gold fest. Somit entstand ein System fester Wechselkurse. 1972 trat der **Europäische Wechselkursverbund (Währungsschlange)** in Kraft, in dem die Währungen der Mitgliedsländer noch enger aneinander gebunden wurden.

Doch mit dem kurz darauf erfolgenden Übergang der anderen Länder zu freien Wechselkursen (**Floating**) und der zunehmend unterschiedlichen wirtschaftlichen Entwicklung in Europa entstanden wieder größere Kursschwankungen. 1979 versuchte man mit dem **Europäischen Währungssystem (EWS)**, die Wechselkurse zwischen den einzelnen Währungen wieder festzulegen.

Den EG-Ländern waren die **Bandbreiten** der am IWF beteiligten Länder vis-à-vis dem US-Dollar (±2.25%) zu weit und sie reduzierten sie innerhalb der EG auf ±1,125%. So konnte zumindest innerhalb der EG ein System fester Wechselkurse mit Bandbreiten eingehalten werden. Im EWS sind die Wechselkurse grundsätzlich fest, Änderungen sind jedoch möglich. Falls die Tageskurse an den Devisenmärkten drohen, über die festgesetzte Bandbreite vom Leitkurs abzuweichen, müssen die Zentralbanken **intervenieren**, um dies durch entsprechende Käufe oder Verkäufe zu verhindern.

Um die wirtschaftliche und politische Integration Europas voranzutreiben, wurde von den Mitgliedern der EG in den Verträgen von **Maastricht** (1991) die **Europäische Währungsunion (EWU)** beschlossen. Falls die Mitgliedstaaten die vereinbarten Konvergenzkriterien erfüllen, sollen bis zum 1.1.1999 die derzeit bestehenden nationalen Währungen durch eine einzige für alle beteiligten Länder der **Europäischen Union** geltende Währung ersetzt werden, den **Euro**. Eine **Europäische Zentralbank (EZB)** mit Sitz in Frankfurt übernimmt dann die Aufgaben der bisherigen Nationalbanken.

■ Wechselkurssysteme

Prinzipiell unterscheidet man verschiedene Wechselkurssysteme, zum einen die **flexiblen Wechselkurse** (Floating), wobei allein Angebot und Nachfrage auf den Devisenmärkten den Kurs bestimmen. Der US-Dollar, der Schweizer Franken und der Yen sind z.B.Währungen, deren Wechselkurse frei schwanken. Zum andern gibt es die Systeme **fester Wechselkurse**, bei denen der Wechselkurs der heimischen Währung entweder an den Kurs einer anderen Währung, eines Währungskorbes oder an den Preis von Gold gebunden ist.

Zur Sicherung der internationalen Zahlungsfähigkeit des Staates hält die zentrale Notenbank **Währungsreserven**, die sich aus Beständen an Gold und Devisen sowie Guthaben beim Internationalen Währungsfonds (IWF) zusammensetzen. Sie dienen mitunter der Intervention auf den Devisenmärkten, um größere Wechselkursschwankungen zu vermeiden. Wenn der Preis der eigenen Währung gegenüber einer anderen steigt, spricht man von **Aufwertung**, umgekehrt spricht man bei sinkendem Wert der eigenen Währung von **Abwertung.**

■ Währungspolitik

Die staatlichen Maßnahmen, die den inneren (auch: Geldpolitik) und äußeren Wert der Währung beeinflussen sollen, bezeichnet man als **Währungspolitik.** Sie steht in engem Zusammenhang mit der Konjunkturpolitik. Trägerin der Währungspolitik in der Bundesrepublik ist die Deutsche Bundesbank. Ihr oberstes Ziel ist die Währungsstabilität, zu deren Erreichung sie über mehrere währungspolitische Instrumente verfügt (z.B. *Diskontpolitik, Lombardpolitik, Mindestreservepolitik*). Dazu gehören auch die Gestaltung der Wechselkursregeln für die eigene Währung sowie das Mitwirken an internationalen währungspolitischen Vereinbarungen (z.B. IWF, EWU).

6. Wirtschaftsgeographie Deutschlands

(Bearbeitung: Ursula Sherman)

Die Wirtschaftsgeographie hat die räumliche Organisation der Wirtschaft zum Gegenstand. Sie ist damit sowohl der reinen Geographie verpflichtet als auch der Soziologie und der Politikwissenschaft. Ausgehend von der Geographie, Bodenbeschaffenheit im weitesten Sinne und dem Klima des Landes befasst sich die Wirtschaftsgeographie dann mit den Wirtschaftssektoren, der Bevölkerungsstruktur und dem Güterverkehr.

In der modernen Wirtschaftsgeographie kommt dem Begriff Region besondere Bedeutung zu, einmal im engeren nationalen Sinn, zum anderen im europäischen Kontext (Europa der Regionen statt Europa der Nationen). Der wirtschaftsgeographische Begriff **Standort** hat weniger mit Geographie als mit regionaler und überregionaler Strukturpolitik zu tun. Hierbei geht es um politische Maßnahmen zur Mobilisierung der wirtschaftlichen Leistungsfähigkeit eines Landes im Verein mit der Infrastruktur, der Verkehrsanbindung und der Verkehrsplanung.

Wer sich Gedanken macht zum Standort Deutschland, wird sich auch mit den vielfältigen Problemen der Bevölkerungsstruktur und den regionalen Besonderheiten des Arbeitsmarktes beschäftigen müssen.

Lernziel: Vertrautheit mit den wichtigsten Aspekten der Geographie Deutschlands sowie seiner Regionen und deren Bedeutung für das wirtschaftliche Leben auf regionaler, nationaler und internationaler Ebene.

Auf Grund seiner zentralen Lage in Europa ist Deutschland von vielen Nachbarländern umgeben. Durch den europäischen Binnenmarkt haben allerdings Grenzen und Grenzübergänge an wirtschaftspolitischer Bedeutung verloren. Die großen Seehäfen (Hamburg, Bremen / Bremerhaven, Wilhelmshaven, Lübeck und Rostock) sind nach wie vor Ausfuhrhäfen für deutsche Produkte in andere Länder, sie stellen aber auch Handelszentren für die Gesamtregion dar mit ihren spezifischen strukturellen Problemen.

Unter den 16 Bundesländern sind die großen Nordseehäfen (Hamburg, Bremen) als Stadt-Staaten auch Bundesländer, ebenso wie Berlin, das auch als Binnenhafen regionale Bedeutung hat. Seit dem 3. Oktober 1990 ist Berlin wieder die Hauptstadt Deutschlands.

Geographisch gesehen besteht Deutschland aus vier großen Landschaftsräumen: Der **Norddeutschen Tiefebene** (einschließlich der Nord- und Ostseeinseln), dem deutschen **Mittelgebirge**, dem **Alpenvorland** und den **Hochalpen**. Fast ein Drittel der Fläche Deutschlands ist von Wald bedeckt.

Wichtige Industriegebiete sind neben den Großstädten auch kleinere Zentren wie Saarbrücken, Wolfsburg, Dresden, Leipzig, Magdeburg, Halle, Bitterfeld und Chemnitz.

Die dichte Besiedlung (rund 81 Millionen Menschen auf knapp 357 000 km^2) erfordert ein gut ausgebautes Verkehrsnetz. Der Personen- und Güterverkehr verläuft über die Autobahnen und die Bundesstraßen oder auch über die Schienen der Deutschen Bahn AG. Der Ausbau der Verkehrsinfrastruktur hat denn auch vorrangige Bedeutung für die Wirtschaft der neuen Bundesländer. Mindestens genauso wichtig für den Gütertransport sind die Wasserstraßen, Flüsse und Kanäle. Fast alle deutschen Großstädte liegen an einem der vielen Flüsse, die den Gütertransport per Schiff gewährleisten können.

Die großen Flughäfen, besonders Frankfurt, Düsseldorf, München, Berlin und Hamburg, nehmen immer mehr an Bedeutung für den internationalen Verkehr zu. Die weiteren Prognosen gehen davon aus, dass der Verkehr in Deutschland im Ganzen weiter ansteigen wird.

Mit 222 Menschen pro Quadratkilometer ist die Bundesrepublik eines der am dichtesten besiedelten Länder Europas. Fast jeder Dritte der rund 81 Millionen Menschen (darunter 5,6 Mill. Ausländer) lebt in einer der Großstädte. Die Bevölkerung ist unterschiedlich verteilt. In den Großraumgebieten (Ballungsgebieten) leben bis zu 5000 Menschen pro Quadratkilometer. Ballungsgebiete sind etwa: der Großraum Berlin, die Industriegebiete an Rhein und Ruhr, das Rhein-Main Gebiet, die Industrieregion im Rhein-Neckar-Raum und die Einzugsbereiche der Städte Bremen, Hamburg, Köln, Leipzig, München oder Nürnberg-Fürth. Die schwach besiedelten Gebiete sind z.B. die Westeifel, die Heide- und Moorlandschaften im Norden und Nordosten und der Bayerische Wald. Die Geburtenrate der BRD ist seit dem letzten Weltkrieg rückläufig. Der leichte Anstieg der Gesamtbevölkerung ist durch Zuwanderung von Auslandsdeutschen und Ausländern bedingt.

■ Wirtschaftssektoren

Die Hauptsäule der deutschen Wirtschaft ist die Industrie. Zwei Prozent der Industriebetriebe sind Großbetriebe (mehr als 1000 Mitarbeiter), die meisten sind Mittel- oder Kleinbetriebe. Die deutsche Industrie ist vorwiegend mittelständisch strukturiert.

Der einzige Großindustriesektor, der auf einheimischen Rohstoffen basiert, ist die Bergbauindustrie, d.h. Kohle- und Salzabbau (Ruhrgebiet, Saarland, Thüringen). Ihre Bedeutung ist aber seit der Erschließung anderer Energiequellen zurückgegangen. Die Schwerpunkte in der deutschen Großindustrie liegen auf dem Gebiet des Fahrzeugbaus (Bayern, Baden-Württemberg, Saarland, Sachsen, Niedersachsen), der chemischen und pharmazeutischen Industrie (Sachsen-Anhalt, Nordrhein-Westfalen, Rheinland-Pfalz) und der Produktion von Elektroprodukten (Baden-Württemberg, Bayern, Berlin) und der Feinmechanik-Optik (Bayern, Baden-Württemberg, Berlin, Sachsen, Thüringen). Außerdem ist Deutschland führend auf dem Gebiet der Umweltschutztechnologie. Sowohl die Bundes- wie auch die Landesregierungen stellen Gelder für Innovation, Forschung und Technologietransfer zur Verfügung, wenn auch im Allgemeinen diese Bereiche von den Industriebetrieben selbst finanziert werden sollen.

Die Mittel- und Kleinbetriebe haben ihre Bedeutung vor allem als Zulieferer für die Großindustrie und in der Produktion von Optik und Feinmechanik sowie im Maschinen- und Anlagenbau. Das Handwerk hat in der BRD immer noch grundlegende Bedeutung in der Produktion wie auch in der Wartung und im Dienstleistungssektor. Durchschnittlich beschäftigt jeder Handwerksbetrieb acht Personen. Im Jahre 1995 erwirtschafteten die 6,2 Millionen Beschäftigten der Handwerksbetriebe etwa 9% des Sozialprodukts.

Der Industriezweig der Land- und Forstwirtschaft ist zwar arbeitspolitisch weniger bedeutend (knapp 750 000 Beschäftigte), erzielt aber kraft seiner enormen Produktivität jährliche Überschüsse. Landwirtschaftliche Betriebe sind nach wie vor bäuerliche Familienbetriebe (schon immer im Westen, neuerdings auch wieder in Ostdeutschland).

Hauptanbauprodukte sind Brot- und Futtergetreide, Kartoffeln, Zuckerrüben, Obst und Wein. Vor allem in Bayern, Niedersachsen, Mecklenburg-Vorpommern und Schleswig-Holstein halten die Bauern auch Nutzvieh, insbesondere Rinder und Schweine. Nordrhein-Westfalens Landwirtschaft ist auf Obstanbau spezialisiert (günstiges Klima und guter Boden), Wein wird ebenfalls dort angebaut. Die wichtigsten Weinanbaugebiete liegen in Rheinland-Pfalz, im Saarland sowie in Baden-Württemberg und Franken.

Die EU trifft heutzutage einen großen Teil der agrarpolitischen Entscheidungen (Produktion, Markt- und Preispolitik), doch in der Agrarstrukturpolitik gibt sie nur den Rahmen vor: Alle Entscheidungen in diesem Bereich (z.B. Bau von Abwässer- und Versorgungsanlagen, Wegbau, Flurbereinigung, Rationalisierung) werden auf Bundes- oder Landesebene getroffen (Gemeinschaftsaufgaben). In diesen Bereich gehören auch die Förderung bäuerlicher Betriebe in strukturschwachen Regionen, ebenso aber auch die Verbraucheraufklärung und -beratung im Nahrungsmittelbereich.

Die waldreichsten Bundesländer sind Bayern, Baden-Württemberg, Hessen und Rheinland-Pfalz, Sachsen und Thüringen. Mit etwa 60% besitzt der Staat den Hauptanteil der Wälder, der Rest ist in Privatbesitz. Landesgesetze verpflichten die Privateigner zur Pflege und Aufforstung der Wälder. Die Bundesrepublik kann ihren Eigenbedarf nicht aus heimischen Beständen decken und muß jährlich große Mengen an Holz einführen.

In den letzten Jahren sind in der Bundesrepublik zunehmende Schäden an den Wäldern festgestellt worden. Nationale und internationale Maßnahmen sollen insgesamt die Schadstoffbelastung der Luft verringern, um die Waldschäden einzudämmen oder zu reparieren.

Der größte Handelspartner Deutschlands ist Frankreich, dann folgen die anderen europäischen Länder und die GUS Länder. Die Schwerpunkte bei der Ausfuhr liegen in den Industriebereichen Fahrzeug- und Maschinenbau, Chemieprodukte, Elektronik, Stahlprodukte, Optik und Feinmechanik sowie im Industrieanlagenbau.

An der Spitze der Einfuhren liegen Energie (Öl, Gas) und Mineralien. An eigenen Energierohstoffen hat die BRD Steinkohle (Ruhrgebiet und Saarland), Braunkohle (Rheinland, Brandenburg, Sachsen) und etwas Erdgas (Emsland, Nordsee) und Salz/Kali (Thüringen, Niedersachsen). Um die Abhängigkeit vom Ausland zu reduzieren, sucht man ständig nach alternativen Energiequellen (Solar-, Windenergie sowie Energie aus der Rückgewinnung von Wertstoffen). Die Energiepolitik der BRD geht dahin, stabile Märkte für ihre Energiesicherung zu finden und diese Märkte funktionsfähig zu erhalten, gleichzeitig den Energieverbrauch und die Umweltbelastung zu reduzieren (Energiewirtschaftsgesetz, Umweltschutzgesetze, Wirtschaftskreislaufgesetz).

In engem Zusammenhang mit der Landschaft steht der ständig wachsende Wirtschaftsbereich Tourismus und Freizeit/Erholung. Das Erholungsangebot in Deutschland ist außerordentlich vielfältig und geht über die landschaftlich reizvollen Gegenden und Naturgebiete weit hinaus. Sportplätze, Freibäder, Schwimmhallen, Campingplätze, Wanderwege, Radwege usw. werden von den Gemeinden erhalten, Nationalparks und Schutzgebiete sind Bundessache (z.B. Gesetz zur Erhaltung des Waldes und zur Förderung der Forstwirtschaft). Im Bereich Kultur sind es vor allem die Städte wie Berlin, München, Dresden, Bayreuth usw., die Touristen anziehen. Regional wichtig sind auch die vielen Volksfeste, Heimat- und Trachtenfeste, sowie Kulturfestspiele (Musik, Theater).

Wachsender Wohlstand und kürzere Arbeitszeiten (Durchschnitt 1995: 36,4 Stunden pro Woche) beeinflussen das Freizeitverhalten, aber auch das Geschäftsverhalten der Deutschen. Der Jahresurlaub für Industriearbeiter steht mit 30 Urlaubstagen an der Spitze der europäischen Länder. Dazu kommen noch die gesetzlichen nationalen und die kirchlichen regionalen Feiertage. Die Ladenschlusszeiten sind zwar seit Herbst 1996 gesetzlich neu geregelt, doch werden sie regional flexibel angewandt.

Zum Begriff Standort: Neben den günstigen geographischen Bedingungen gehören in diesen Bereich alle die Faktoren, die die Produktion und den Vertrieb der Waren erleichtern. Ein günstiger Standort wird gute Verkehrsanbindungen haben müssen, um die Materialbeschaffung sowie den Absatz zu optimieren. Hierzu gehört auch die Verfügbarkeit von Händlern und Zulieferbetrieben und Handwerkern. Die Arbeitsmarktorientierung wird die Verfügbarkeit und Ausbildung der Arbeitskräfte in Betracht ziehen. Regionale Unterschiede in der Steuerpolitik (Steuervergünstigungen, niedrige Lohnkosten, günstige Grundstückspreise) und in den Energiekosten sind weitere Faktoren, die bei der Standortbestimmung zu beachten sind.

7. Europäische Union

(Bearbeitung: Britta Hufeisen und Manfred Prokop)

Die Europäische Union als Nachfolgeorganisation der Europäischen Wirtschaftsgemeinschaft (EWG) und der Europäischen Gemeinschaft (EG) unterscheidet sich von anderen – scheinbar ähnlichen – Organisationen wie der NAFTA oder der MERCOSUR dadurch, dass sich die Zusammenarbeit nicht auf Handelsvereinbarungen bzw. gemeinsamen Handel beschränkt. Ziel der Europäischen Union sind langfristig auch die gemeinsame politische (außenpolitische) Vertretung der EU-Länder und die monetäre Einheit. Die Europäische Union wird zentral durch ähnliche Gremien organisiert wie die einzelnen Länder auf Staaten- bzw. Länderebene mit einem Europäischen Parlament, einem Europäischen Rat und weiteren politischen Instanzen. Sie ist kein statisches Gebilde, sondern in sich veränderbar. Auch die Mitgliedstaaten verändern sich, und eine weitere Ausdehnung gen Osten (Agenda 2000) mit der Aufnahme von Polen, Ungarn, Tschechien steht seit 1998 auf der Tagesordnung.

Seit 1995 sind die folgenden Staaten Mitglied der EU:

Belgien	Dänemark	Deutschland	Finnland
Frankreich	Griechenland	Großbritannien	Irland
Italien	Luxemburg	Niederlande	Österreich
Portugal	Schweden	Spanien	

Die EU hat 374 Millionen Bürger.

Lernziel: Globales Verständnis der EU, ihrer Ziele, ihrer Zusammensetzung und ihrer Organisationsformen. Kenntnis der einzelnen Teile der EU-Organisation (Arbeitsweise, juristischer Hintergrund, Art der Vertretung der einzelnen EU-Staaten).

Die Währungsunion. Der derzeit wichtigste Diskussionspunkt innerhalb der EU ist die Währungsunion. Um dieser beizutreten, müssen die Mitgliedsländer fünf ***Konvergenzkriterien*** erfüllen, um eine gemeinsame stabile und tragfähige Währung zu garantieren:

1. ***Inflationskriterium*:** Im Jahr vor der Konvergenzprüfung darf die Inflationsrate eines Landes, gemessen am Verbraucherpreisindex, im Schnitt nicht mehr als 1,5% über der Inflationsrate der drei Mitgliedstaaten liegen, die die größte Preisstabilität erzielt haben.
2. ***Zinskriterium*:** Im Jahr vor der Konvergenzprüfung darf der durchschnittliche langfristige Normalzins nicht mehr als 2% über dem entsprechenden Satz in den drei Mitgliedstaaten liegen, die auf dem Gebiet der Preisstabilität das beste Ergebnis erreicht haben.
3. ***Wechselkurskriterium*:** In den letzten beiden Jahren vor der Konvergenzprüfung müssen die im Rahmen des Wechselkursmechanismus des Europäischen Währungssystems (EWS) vorgesehenen Bandbreiten ohne starke Spannungen eingehalten worden sein. Innerhalb des gleichen Zeitraums darf das Land den bilateralen Leitkurs seiner Währung gegenüber der Währung eines anderen Mitgliedstaates nicht von sich aus abgewertet haben.
4. ***Defizitkriterium:*** Das öffentliche Defizit darf nicht mehr als 3% des Bruttoinlandsprodukts (BIP) zu Marktpreisen betragen.

5. ***Schuldenstandskriterium:*** Die öffentliche Bruttoverschuldung darf nicht mehr als 60% des BIP zu Marktpreisen betragen.

Bei Nichterfüllen der Kriterien sieht der Vertrag Sanktionen vor. Ein Land, das sich nicht an die Kriterien hält, kann mit 0,2% bis 0,5% des BIP belastet werden. Dieses Geld geht zuerst als Einlage ein, die rückerstattet werden kann, kann aber auch zum nichtrückerstattbaren Strafgeld werden.

Im Mai 1998 erfüllten alle EU-Länder außer Griechenland die Kriterien, aber Großbritannien, Schweden und Dänemark werden der Währungsunion erst später beitreten. Der „Fahrplan zur Einführung des Euro" sieht folgendermaßen aus:

1. Januar 1999: Unwiderrufliche Festsetzung der Umrechnungskurse.

1. Januar 1999 bis spätestens 1. Januar 2002: Umstellung des (bargeldlosen) Banken- und Finanzsektors auf Euro. Die Unternehmen beginnen mit der Umstellung der Buchhaltung auf Euro.

Spätestens 1. Januar 2002: Beginn des Umlaufs der Euro-Banknoten; Beginn des Umlaufs der Euro-Münzen. Alle Renten, Gehälter, Transfers etc. werden in Euro ausgedrückt. Die nationalen Münzen und Banknoten werden eingezogen.

Spätestens 1. Juli 2002: Nationale Banknoten und Münzen verlieren ihre Gültigkeit als gesetzliche Zahlungsmittel.

■ Europas Weg zur Einigung

1947 Beginn des Europäischen Wiederaufbauprogramms ERP (Marshall-Plan).

1949 Gründung des Europarats (ist eine von der späteren EG vollkommen getrennte Organisation). Inzwischen sind Ungarn (1990), Tschechien, die Slowakei und Polen (1991) Mitglieder geworden. Er versteht sich als Verfechter der Demokratie und der Menschenrechte.

1949 Gründung des Rats für Gegenseitige Wirtschaftshilfe (RGW) der sozialistischen Staaten.

1951 Gründung der Europäischen Gemeinschaft für Kohle und Stahl (EGKS) oder „Montanunion".

1957 Gründung der Europäischen Wirtschaftsgemeinschaft (EWG) und der Europäischen Atomgemeinschaft EURATOM (Belgien, BRD, Frankreich, Italien, Luxemburg, Frankreich) aufgrund der „Römischen Verträge".

1958 Gründung der Europäischen Freihandelszone (EFTA).

1973 EGKS, EWG und EURATOM legen ihre Organe zusammen. Es entsteht die Europäische Gemeinschaft (EG). Dänemark, Großbritannien und Irland treten der EG bei.

1979 Einführung des Europäischen Währungssystems (EWS) und der Europäischen Währungseinheit (ECU).

1981 Griechenland tritt der EG bei.

1986 Spanien und Portugal treten der EG bei. Absichtserklärung zur Schaffung des Binnenmarktes

1990 Der RGW löst sich auf.

1991 Die EG schließt mit der SFR, Polen und Ungarn Assoziationsverträge ab, die bis Ende der 90er Jahre schrittweise freien Handel und freien Zugang zum Binnenmarkt vorsehen und den Beitritt vorbereiten sollen.

1992 Verträge von Maastricht zur Schaffung der Europäischen Union. Ziel: Umwandlung der Wirtschaftsgemeinschaft in eine politische Union mit einheitlicher Währung. Die Ziele sind:

- Spätestens 1999 wird eine gemeinsame Europa-Währung (Euro) geschaffen. Eine Europäische Notenbank wacht über die neue Währung. Die Europäische Zentralbank wird gegründet (seither wurde Frankfurt zum Sitz der Bank bestimmt).
- Hinarbeit auf gemeinsame Außen- und Sicherheitspolitik. Leitlinien müssen einstimmig verabschiedet werden, aber eine 2/3 Mehrheit genügt für bestimmte Aktionen.
- Allmähliche Schaffung einer gemeinsamen Verteidigungsorganisation (Westeuropäische Union), die aber den Aufgaben der NATO nicht zuwiderlaufen soll.
- Geschaffen wird eine „europäische Staatsbürgerschaft", die jedem EU-Bürger in jedem Mitgliedstaat bei Kommunalwahlen aktives und passives Wahlrecht zugesteht.
- Fortschritte in der Sozialpolitik (allerdings ohne Teilnahme Großbritanniens, z.B. in bezug auf die Gleichbehandlung von Mann und Frau).

1992 Der Europäische Wirtschaftsraum-Vertrag wird unterzeichnet (Mitglieder sind die Mitglieder der EG und der EFTA außer der Schweiz).

1993 EU-Binnenmarkt und Europäischer Wirtschaftsraum (EWR) treten in Kraft. Damit entsteht in der EU ein Wirtschaftsraum ohne Binnengrenzen, in dem der freie Verkehr von Personen, Waren, Dienstleistungen und Kapital gewährleistet ist (d.h.: freie Einreise, freier Aufenthalt, Wohnrecht, Niederlassungsfreiheit, Arbeitsplatzwahl). Hochschulgrade werden nach mindestens 3- bis 4-jährigem Studium überall anerkannt. Jeder kann überall in der EU anlegen; Banken und Versicherungen können überall miteinander konkurrieren. Jeder kann überall in der EU wohnen, muss nur geregeltes Einkommen nachweisen und krankenversichert sein.
– In der Praxis: Ein Lastwagen, der Fracht von Portugal nach Hamburg bringt, kann in Hannover zuladen und Fracht nach Frankreich bringen (d.h., er muss nicht leer nach Portugal zurückfahren). Mehrwertsteuern wurden auf ein Minimum von 15% angehoben; Vorschriften werden entweder harmonisiert (also durch gemeinsame EU-Regelungen ersetzt) oder können weiterbestehen, wenn sie von allen Regierungen anerkannt werden.
– Verschärfung der Grenzkontrollen nach außen (gegen Drogen, Terroristen).

1994 Volksabstimmung in Österreich, Schweden, Finnland und Norwegen über Beitritt zur EU. Zum Jahresanfang beginnt die zweite Stufe der Europäischen Wirtschafts- und Währungsunion. Das Europäische Währungsinstitut mit Sitz in Frankfurt am Main wird errichtet. Das Abkommen über den Europäischen Wirtschaftsraum (EWR) mit den Ländern der EFTA (Ausnahme: Schweiz) tritt am 1. Januar in Kraft.

1995 Österreich, Schweden und Finnland treten der EU bei. Zum 1. Januar treten Österreich, Schweden und Finnland der EU bei. Die Europäische Union umfasst jetzt 15 Staaten. Im Dezember entscheiden sich die Staats- und Regierungschefs der Europäischen Union für „Euro" als den Namen der europäischen Währung und legen den Zeitplan und die Modalitäten für ihre Einführung fest.

1995 Schengen-Vertrag: Abschaffung der internen Grenzkontrollen unter den EU-Ländern und Errichtung verschärfter Grenzkontrollen nach außen

1997 Vertrag von Amsterdam: Maßnahmen zur Problematik, die in folgenden Bereichen entsteht: sich rasch vollziehende internationale Entwicklungen, Globalisierung der Weltwirtschaft und ihre Auswirkungen auf die Beschäftigungszahlen, Wettbewerbsfähigkeit und Schaffung von Arbeitsplätzen; Terrorismus, Kriminalität und illegaler Drogenhandel; Migrationsdruck; ökologische Ungleichgewichte sowie Gefahren für die öffentliche Gesundheit.

1998 Entscheidung darüber, welche Mitgliedstaaten von Anfang an am Euro teilnehmen (Ergebnis: die sogenannten E-II Staaten, die man auch als „Euroland“ bezeichnet, also Belgien, Deutschland, Finnland, Frankreich, Irland, Italien, Luxemburg, Niederlande, Österreich, Portugal und Spanien).

■ Organe der Europäischen Union

1. Das ***Europäische Parlament*** wird von den Bürgern der Europäischen Union direkt gewählt, seine Zusammensetzung spiegelt ihren politischen Willen wider. Es vertritt 374 Millionen Bürger und ist das größte multinationale Parlament der Welt. Das Parlament übt Haushalts- und Kontrollrechte aus und wirkt bei der Gesetzgebung mit, hat aber selbst *keine* gesetzgebende Kompetenz. Es hat 626 Mitglieder, die mehr als hundert Parteien vertreten. Es gibt neun Amtssprachen. Sitz: Plenarsitzungen in Straßburg, Sitzungen der Ausschüsse in Brüssel. Die Verwaltung ist in Luxemburg.
2. Die ***Europäische Kommission*** spielt aufgrund der ihr zugewiesenen Aufgaben eine zentrale Rolle in der Politik der Europäischen Union. In mancher Hinsicht ist sie das Kernstück Europas. Von ihr beziehen die übrigen Institutionen einen wesentlichen Teil ihres Antriebs und ihrer Ziele. Die Kommission bringt Gesetzesvorschläge oder Entwürfe ein und führt die Gesetze und den Haushalt aus. Sie arbeitet Vorlagen für die verschiedenen Bereiche aus (z.B. Steuerpolitik) und verwaltet die Fonds und Programme der EU. Die Kommission ist sozusagen die „Regierung“ der EU. Sie besteht aus 20 von den Mitgliedstaaten ernannten Kommissären, die aber im Interesse der Gemeinschaft handeln. Die Kommission unterliegt ausschließlich der Kontrolle durch das Europäische Parlament. Alle 2 Jahre wird ein Präsident gewählt.
3. Der ***Rat der Europäischen Union*** ist eine Einrichtung mit Rechtsetzungsbefugnis und Entscheidungsbefugnis. Gleichzeitig ist er das Gremium, in dem die Vertreter der Regierungen der 15 Mitgliedstaaten ihre Interessen geltend machen können und sich um Kompromisse bemühen. Der Rat hat das alleinige Initiativrecht für Gesetze; er ist also die Legislative, die gesetzgebende Gewalt. Er billigt die Vorlagen der Kommission. Diese Beschlüsse benötigen die Zustimmung der nationalen Parlamente. Ein Minister aus jedem Mitgliedstaat ist in jedem Sachgebiet vertreten. Sitz: Brüssel.
   Wie geht die EU-Gesetzgebung vor sich? Vorschläge kommen von der Kommission, gehen zum Rat und dann ins Parlament; nach der ersten Lesung gehen sie zurück zum Rat, dann wieder zum Parlament nach zweiter Lesung zur Annahme, Modifizierung oder Ablehnung.
4. Der ***Europäische Gerichtshof*** ist das oberste rechtsprechende Organ, also die Judikative (= Verfassungsgericht der EU). Die Anerkennung der Verbindlichkeit der Regeln der EU durch die Mitgliedstaaten, die Organe und die einzelnen Mitgliedstaaten ist die Voraussetzung für ihr Bestehen. Sitz: Luxemburg.
5. Der ***Europäische Rechnungshof*** vertritt die Interessen der Steuerzahler. Er wacht darüber, daß die Europäische Union ihre Gelder nach den Regeln der Haushaltsordnung und für die vorgesehenen Zwecke verwendet.
6. Die ***Europäische Investitionsbank*** ist die Finanzierungsinstitution der Europäischen Union. Sie gewährt langfristige Darlehen für Investitionen, die eine ausgewogene wirtschaftliche Ent-

wicklung und Integration der Union fördern. Mit einem jährlichen Darlehensvolumen von 20 Milliarden ECU ist sie die größte internationale Finanzierungsinstitution der Welt. Förderung der Wirtschaftsentwicklung in schwach entwickelten Regionen; Ausbau der transeuropäischen Netze für Verkehr, Telekommunikation und Energieübertragung; Verbesserung der internationalen Wettbewerbsfähigkeit und Förderung der Integration der europäischen Industrie; Unterstützung kleiner und mittlerer Unternehmen; Schutz der Umwelt, Bewahrung der Lebensqualität, Förderung der Stadtentwicklung und Erhaltung historischer Bauwerke; Sicherung der Energieversorgung.

7. ***Der Wirtschafts- und Sozialausschuss***. Gemäß den Verträgen nimmt er eine beratende Funktion gegenüber der Kommission, dem Rat und dem Europäischem Parlament wahr. Er gibt (auf Ersuchen oder aus eigener Initiative) Stellungnahmen ab, die von Vertretern der verschiedenen Gruppen des wirtschaftlichen und sozialen Lebens in der Union erarbeitet werden. Der Ausschuss umfasst neun Fachgruppen:
   - Wirtschafts-, Finanz- und Währungsfragen
   - Außenbeziehungen, Außenhandels- und Entwicklungspolitik
   - Sozial- und Familienfragen, Bildungswesen und Kultur
   - Umweltschutz, Gesundheitswesen und Verbrauch
   - Landwirtschaft und Fischerei
   - Regionale Entwicklung, Raumordnung und Städtebau
   - Industrie, Handel, Handwerk und Dienstleistungen
   - Verkehr und Kommunikationsmittel
   - Energie, Atomfragen und Forschung
8. Der ***Ausschuss der Regionen*** ist die jüngste Institution der Europäischen Union. Er wurde eingesetzt, weil die Mitgliedstaaten zum einen ihre regionalen und lokalen Eigenheiten respektiert wissen und zum anderen an der Entwicklung und Durchführung der EU-Politik beteiligt werden wollen. Zum ersten Mal in der Geschichte der Europäischen Union müssen jetzt die Vertreter der lokalen und regionalen Gebietskörperschaften angehört werden, wenn es um Dinge geht, die sie direkt betreffen.
9. Der ***Europäische Bürgerbeauftragte***. Jeder Bürger jedes Mitgliedstaats ist sowohl Staatsbürger seines Landes als auch der Europäischen Union. Damit hat er/sie auch das Recht, sich an den Europäischen Bürgerbeauftragten zu wenden, wenn er/sie sich als Opfer einer „Verwaltungswillkür" der Institutionen oder Organen der EU fühlt.
10. Das ***Europäische Währungsinstitut.*** Aufgabe des Europäischen Währungsinstituts ist es, zur Verwirklichung der Währungsunion beizutragen. Das EWI ist nicht die Europäische Zentralbank; diese wird erst nach Vollendung des Währungsunionsprozesses errichtet.

Dazu kommt noch der ***Europäische Rat*** (der Staats- und Regierungschefs), der sich Grundsatzfragen widmet und sich nicht in die Tagespolitik einmischt. Seit 1974 treten die Staats- bzw. Regierungschefs der Europäischen Union mindestens zweimal jährlich im Europäischen Rat, dem „Europagipfel", zusammen. An ihm nimmt auch der Präsident der Europäischen Kommission teil. Der Präsident des Europäischen Parlaments wird eingeladen, in der Eröffnungssitzung seine Angelegenheiten vorzutragen. Der Europäische Rat gewinnt in der Union immer mehr an Bedeutung. Er setzt Prioritäten, gibt der Unionspolitik Zielrichtung und Antrieb und befasst sich mit strittigen Fragen, die auf Ministerebene nicht geklärt werden können.

■ Symbole

Die Flagge der EU ist ein blaues Banner mit 12 Sternen; sie hat ihre eigene Hymne (Beethovens „Ode an die Freude"). Am 9. Mai begeht die EU den Europatag.

■ EU-Haushalt

1993 betrug der EU-Haushalt 137 Mrd. Mark. 60% der Summe kamen aus dem EU-Anteil der Mehrwertsteuern (1,4%), 22% durch Außenzölle. Aus welchen Ländern? Deutschland: ca. 28% (1994 bezahlte Deutschland 44 Mrd. Mark in die EU-Kassen, 19 Mrd. flossen zurück; von dieser Summe gingen 12,5 Mrd. zur Unterstützung der deutschen Landwirtschaft; Nettobeitrag daher 25 Mrd.), Frankreich bezahlte 22%, Großbritannien 17%.

Die EU-Bürokratie ist teuer: 1992 hatte der Ministerrat 2.200 Mitarbeiter, das Europäische Parlament 3.600 und die Europäische Kommission 15.000 Mitarbeiter!

■ EU-Wirtschaftsleistung (Stand 1996)

Die EU hatte eine Wirtschaftsleistung von 12,9 Billionen Mark zu verzeichnen; die EU der 15 ist damit der größte Wirtschaftsraum der Welt. Die USA (269 Mio. Einwohner) brachten es auf nur umgerechnet 10,9 Billionen Mark; Japan mit 125 Millionen Einwohnern auf 6,9 Billionen. Unter den Mitgliedsländern ist Deutschland der stärkste Partner: Es trug 3,5 Billionen Mark zur Gesamtwirtschaftsleistung bei. Deutschlands Wirtschaft ist aber auch vom Export in die EU-Länder sehr abhängig: Es exportierte 1997 rund 60% aller Ausfuhren in Länder der EU.

■ Programme der EU

Die EU sponsert viele Programme zur Europäisierung der Bevölkerung, der Gesellschaft und der Wirtschaft. Darunter sind zum Beispiel:

- ***Erziehung und Wissenschaft***: ERASMUS: Universitätsaustausch. StudentInnen können einen Teil des Studiums an einer anderen Universität im Ausland absolvieren. Etwa 45.000 nehmen pro Jahr daran teil. Das Ziel ist aber die Teilnahme von 10% aller Studenten. COMETT: Austausch in Technologie (4.000 Praktikanten). EUREKA: eine europäische Forschungsagentur (21 Mrd. DM Forschungsvolumen für 539 Projekte). Ausserdem LINGUA, TEMPUS, PETRA, FORCE, EURO-TECNET, IRIS, HELIOS u.a.
- ***Gemeinsame Agrarpolitik (GAP):*** Das Ziel ist die Garantie hoher Preise für die Bauern *und* niedrige Preise für die Verbraucher. Wie ist das zu erreichen? Durch
  – Steigerung der Produktivität der Landwirtschaft durch größere Höfe und noch mehr Technologie. Dadurch ergibt sich eine Erhöhung des Pro-Kopf-Einkommens in der Landwirtschaft.
  – Stabilisierung der Märkte durch Stabilisierung der Preise und Sicherung der Versorgung.
  – Stützpreise: Die Programme garantieren die Preise für mehr als 60% der landwirtschaftlichen Produkte; u.a. liefern sie auch Schutz gegen Niedrigpreisimporte wie Reis, Zucker, Getreide,

Milchprodukte, Rind- und Kalbfleisch aus Nicht-EU-Ländern zu garantierten Preisen. Aber durch immer größere Effektivität und Effizienz der Landwirtschaft sind immer höhere Überschüsse entstanden, deren Aufkauf sehr teuer geworden ist. Reformen zielen auf eine freiwillige Verringerung der Produktionsmengen ab. Man sprach einmal von einem „Butterberg" und einem „Weinsee", die die EU errichtet hätte.
Die GAP ist teuer. 1995 verschlang sie 48% des gesamten EU-Budgets, ist aber immerhin auf einem Abwärtstrend (1980 waren es noch 70% des gesamten EU-Budgets). 1992 kostete die GAP 72 Mrd. Mark, wobei die Subventionen mehr kosten als die landwirtschaftliche Produktion selbst wert ist! (BRD: 33 Mrd. Mark für Subventionen, Wert der Produktion: 20 Mrd. Mark).

- ***Soziales Europa:*** Es bestehen große Unterschiede im Pro-Kopf-Einkommen unter den Mitgliedsländern. Deutschland und Frankreich z. B. haben 25% mehr als der Durchschnitt, dagegen verzeichnen Portugal und Griechenland nur etwa die Hälfte des Durchschnitts. Zwischen den ärmsten und reichsten Ländern besteht ein Verhältnis von 1 zu 6 (im Jahr 1992 war das Durchschnittseinkommen in Deutschland etwa DM 4.000, in Portugal etwa DM 722). Die EU zielt auf eine langsame Harmonisierung der europäischen Wirtschaften ab (die sogenannte „Strukturpolitik"). Dafür stehen ca. 100 Mrd. Mark pro Jahr zur Verfügung, von denen geborgt werden kann. Beispiele für derartige Programme sind der Europäische Sozialfonds zur Arbeitsplatzbeschaffung für Jugendliche und der Europäische Regionalfonds für Infrastrukturverbesserungen (Brücken, Straßen, Investitionen für Arbeitsplätze usw.)

■ Deutschland und die EU

Nach dem Krieg gab es zuerst ein Streben nach schneller Erlangung der Souveränität, dann aber gleich Einbindung Westdeutschlands in die atlantische/westeuropäische Gemeinschaft. Unter Adenauer entstand die Überzeugung, dass Deutschland seine Souveränität am besten in einem vereinten Europa erlangen und behalten kann. Daher verfolgte Deutschland eine „Westpolitik" und trat der NATO bei. Prinzip der Deutschlandpolitik der Zeit war, dass Deutschland ein zuverlässiger Partner der Westmächte sein müsse. Alte Feindschaften (besonders mit Frankreich) müssten verschwinden. Adenauer unternahm daher ernste Versuche, mit Frankreich Freundschaftsverträge einzugehen.

Trotz steigender wirtschaftlicher Macht versuchte sich die BRD in den 60ern und 70ern politisch klein zu halten („wirtschaftlicher Riese, politischer Zwerg"). Es entstand der Eindruck, die BRD mache immer, was Amerika wolle.

Ab 80er Jahre wird die BRD international aktiver, hält sich aber noch zurück und zahlt, auch wenn es unfair zu sein scheint. Man spricht von der BRD als „Zahlmeister" Europas. Allmählich hegen manche Deutsche Ressentiments gegen die EG, aber das Volk unterstützt überwiegend die weitere Einigung Europas.

Bei der Wiedervereinigung kam die Überzeugung auf, dass sie nur erlaubt würde, wenn Deutschland in Europa eingebunden bleibe, damit die Nachbarn „keine Angst haben müssen." Die Regierung Kohl betonte die Notwendigkeit der weitergehenden „Europäisierung Deutschlands." Aber es gab doch Misstrauen in Frankreich und Großbritannien (bes. Thatcher) über Deutschlands Ziele. Die deutsche Regierung beteuerte immer wieder, dass die BRD die Einigung Europas weiter anstrebe. Manchmal schien Deutschland das einzige Land zu sein, das – neben den Beneluxländern – weitere schnelle Europäisierung wollte. Besonders Kohl setzte sich sehr für Maastricht und die wirtschaftliche und politische Einheit ein.

Je näher der Euro kam, desto mehr Widerstand gab es in der Bevölkerung gegen die Aufgabe der guten, harten Mark: Wer würde die Politik der BRD bestimmen: die Deutschen oder irgendein Bürokrat in Brüssel?

In den neunziger Jahren nimmt Deutschland immer mehr an gemeinsamen europäischen Aktionen teil und hat ein höheres politisches Profil als zuvor. Es besteht noch immer ein ernstes Bemühen, als Europäer angesehen zu werden. Manche wollen aber eher ein Europa der Vaterländer (z.B. Bayern).

Manche behaupten, die deutsche Industrie leide unter den Brüsseler Beschlüssen, z.B. beim Abbau der Kohle- und Stahlindustrie. Arbeiter haben auch Angst vor der Zukunft, weil die sozialen Programme und Subventionen innerhalb der EU abgebaut werden müssen (siehe z.B. den „Handelskrieg" mit den USA um Subventionen der Landwirtschaft). Deutschland gibt aber eher noch nach (Schwierigkeiten mit den deutschen Bauern, die immer mehr von den französischen Bauern und ihrer Taktik lernen).

Und: Es gibt keine Alternative.

■ Österreich und die EU

1960 wurde Österreich Mitglied der EFTA. 1970 unterzeichneten die EG und Österreich ein Freihandelsabkommen. 1977 fielen alle Zollschranken weg. 1989 reichte Österreich den Beitrittsantrag ein. 1993 wurde Österreich Mitglied des EWR. Schließlich wurde es nach einer Volksabstimmung 1995 Mitglied der EU (66% der Österreicher waren für den Beitritt).

Wichtige Themen: Ist die Neutralität mit den politischen Zielen der EU vereinbar? In den 50er Jahren leistete die Sowjetunion großen Widerstand gegen alle Versuche Österreichs, sich an westlichen Organisationen zu beteiligen – dies verstieße gegen die „immerwährende Neutralität" Österreichs – aber nach dem Zusammenbruch der Sowjetunion war dies kein richtiges Thema mehr, und auch die EU war der Meinung, die Neutralität sei kein Hindernis für einen Beitritt.

Nach einer anfänglichen Europa-Euphorie sind die Österreicher skeptisch geworden. Manche haben Angst vor der Wirtschaftsstärke der EU, besonders bei Industrien, die im Augenblick (noch) geschützt werden. Besonders die Landwirtschaft und manche hoch subventionierten Sektoren der Industrie fürchteten den Beitritt. In der Zwischenzeit hat auch ein Strukturwandel stattgefunden. Man hat zudem Angst vor Verlust von besserer Umweltgesetzgebung und Sozialgesetzgebung, fürchtet mehr Transitverkehr auf den österreichischen Straßen; fürchtet, dass Österreich Atomkraftwerke zulassen muss, dass die Ausländer alles aufkaufen (Industrie, Land und Ferienwohnungen), dass billige Arbeitskräfte kommen. Im Allgemeinen sind aber die Industrie und das Volk (ca. 45%) für den Beitritt. Man vergisst gerne, dass die EU Mindestgrenzen setzt, nicht Maxima.

Die Konkurrenz ist in der Tat sehr viel schärfer geworden, und alte Sicherheiten sind verschwunden. Das hilft aber auch Österreich, sich global wettbewerbsfähig zu machen. Unter dem Strich hat das Land vom Beitritt zur EU profitiert.

Die Schweiz und die EU

Die Schweiz hat Besorgnis um den Weiterbestand der traditionellen Neutralität und Angst vor dem Abbau der hohen Subventionen für die schweizerischen Bauern. Außerdem ist man der Meinung, die bilateralen Verträge zwischen der EU und der Schweiz garantierten sowieso schon alle wirtschaftlichen Vorteile.

Einige kontroverse Themen aus der Sicht der Jungen Sozialisten der Schweiz (und vieler anderer) sind:

- Freizügigkeit im Personenverkehr: Während die EU eine umfassende Verwirklichung der Freizügigkeit im Personenverkehr fordert, will die Schweiz vorerst eine Verbesserung der Aufenthalts- und Arbeitsbedingungen von EU-Bürgerinnen und Bürgern, die sich im Land aufhalten, gewährleisten. Nimmt man die begründeten Ängste der Lohnabhängigen ernst, würde eine Freizügigkeit unter folgenden Voraussetzungen Sinn machen: Flankierende, europakompatible Maßnahmen müssen die soziale Sicherheit der Beschäftigten garantieren; Gesamtarbeitsverträge müssen allgemeinverbindlich erklärt werden, Arbeitsbedingungen vor Ort müssen eingehalten werden, Aufträge der öffentlichen Hand sollen Unternehmen erhalten, welche einem Gesamt- oder Kollektivarbeitsvertrag unterstehen. Damit ein europaweites soziales Dumping verhindert werden kann, müssen für Branchen ohne Regelung die Kantone Mindestlöhne festsetzen und Sozialleistungen müssen im- und exportiert werden können.
- Landverkehr: In den momentanen Verhandlungen ist das Ziel eine gegenseitige Öffnung ohne Diskriminierung der Straßen- und Verkehrsmärkte zwischen der Schweiz und der EU. Die EU fordert den Zugang für 40-Tonnen-Fahrzeuge, also die Aufhebung der 28-Tonnen-Limits, auf die die Schweiz aufgrund eines Transitabkommens mit der EU noch bis ins Jahr 2005 verzichten kann. Die Schweiz hingegen will neue Abgaben einführen (Alpentransitabgabe, Leistungsabhängige Schwerverkehrsabgabe). Hinzu kommt für die Schweiz auch die Beachtung und Umsetzung der Alpeninitiative, welcher das Schweizer Volk 1992 zugestimmt hat. Diese neue Verfassungsbestimmung besagt, dass das Alpengebiet vor den negativen Auswirkungen des Transitverkehrs zu schützen sei, binnen zehn Jahren der alpenüberquerende Güterverkehr von Grenze zu Grenze auf die Schiene verlagert werden müsse und die Transitkapazität im Alpenraum nicht mehr erhöht werden dürfe.

Kann sich die Schweiz in Zukunft heraushalten? Es besteht ein Unterschied in der Art und Weise, wie die EU mit Ländern des EWR und Vertragsländern (wo es keinerlei Beschränkungen mehr gibt) und anderen umgeht („Festung Europa“ nach außen z.B. vis-à-vis Kanada und USA wegen der hohen Außenzölle). Hat die Schweiz daher die Beste aller Welten?

Problematik

Die Integration hat von Anfang an zwei Ziele verfolgt: die Einigung auf wirtschaftlichem Gebiet (Schaffung eines europäischen Binnenmarkts; das bedeutet zum Beispiel keine Zölle zwischen den Ländern, aber gemeinsamen Außenzoll, gemeinsame Wirtschaftspolitik, gemeinsame Wettbewerbsregeln, Handelspolitik und Entwicklungshilfe) *und* die politische Einigung (Zusammenschluss möglichst vieler freier Staaten zu einer Union).

Von Anfang an gab es die Möglichkeit eines Konflikts zwischen der großen Idee und nationalem Selbstinteresse. Im Zuge der Vereinigung Europas mussten die Nationalstaaten immer mehr Hoheitsrechte (=Souveränität) an „europäische“ (=überstaatliche Einrichtungen) übertragen: z.B. in der Agrarpolitik. Es musste daher der politische Wille da sein (d.h. die Zustimmung und der Wille der Wähler); manchmal fehlte er („Eurosklerose“, wenn der Einigungsprozess nicht weiterging). Manche fürchteten eine Flut von billigen Waren, billigen Arbeitern, die in ein hoch entwickeltes Land strömen könnten, und daher Angst vor Verlust von sozialen Leistungen, damit die hoch entwickelten Länder konkurrenzfähig bleiben können. In Wirklichkeit gibt es aber nur sehr wenig Mobilität der Bürger: Nur 1,5% der EU-Bürger wohnen nicht in ihrem Heimatland.

Praktische Problematik – erhaltenswerte und störende Unterschiede in Europa:

- historische Einstellungen und Vorurteile, alte Feindschaften
- verschiedene Sprachen, Traditionen und Sitten, Kultur
- verschiedene wirtschaftliche Situation (Steuersätze, Inflationsraten, Arbeitslosigkeit, Währungen, Landwirtschaft und ihre Überproduktion, Industrie und ihre Problematik)
- soziale Unterschiede (soziale Erwartungen und Leistungen)
- politische Bedingungen (Stabilität, Parteien, Regierungsformen; z.B. Griechenland: Beitrittsgesuch der Türkei wurde abgelehnt wegen Menschenrechtsverletzungen).
- Praktisches (links/rechts fahren, was ist „reines Bier“? Wann ist eine Marmelade eine Marmelade und wann eine Konfitüre und wann bloß ein Gelee?).

Was steht bevor? Vereinfachung? Gleichmacherei der Verschiedenheiten? Eine Einheitswurst, Einheitsbanane, Einheitsarbeit, ein Einheitsauto?

II. Erweiterter Bereich

1. Unternehmensformen und -zusammenschlüsse

(Bearbeitung: Hannelore Hirn)

In diesem Themenbereich sind zwei unterschiedliche Aspekte angesprochen:
- Die betriebswirtschaftliche Seite betrachtet die unterschiedlichen Rechtsformen von Unternehmen mit den Entscheidungsgründen für die Wahl einer Rechtsform und den Konsequenzen, die sich daraus für die Organisation der Unternehmung ergeben.
- Die volkswirtschaftliche Seite befasst sich mit den Auswirkungen von Unternehmenszusammenschlüssen auf die Gesamtwirtschaft und den gesetzlichen Regelungen dazu.

■ Rechtsformen von Unternehmen

Lernziel: Rechtsformen von Unternehmen kennen und einschätzen können. Funktion und Teile des Handelsregisters (**HR**) kennen; die wichtigsten gesetzlichen Grundlagen kennen: Handelsgesetzbuch (**HGB**), Aktiengesetz (**AktG**), Genossenschaftsgesetz (**GenG**) und einige wichtige Unternehmensformen beschreiben können.

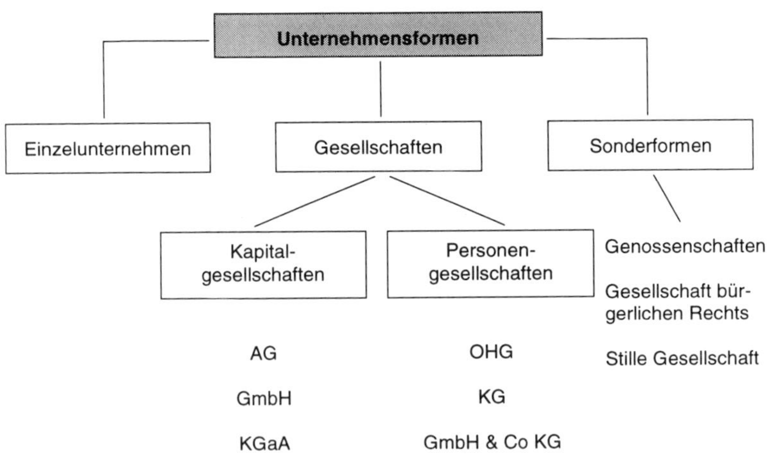

In Deutschland gibt es verschiedene rechtliche Möglichkeiten bei der Wahl der äußeren Organisationsform (Rechtsform, Unternehmensform) eines Unternehmens. Bei der Entscheidung für eine bestimmte Rechtsform spielen Fragen der *Kapitalaufbringung*, das *Unternehmensziel*, die *Unternehmensgröße* und *haftungsrechtliche Fragen* eine Rolle.

Für alle diese Unternehmensformen existieren bei den Amtsgerichten Register, in die sie eingetragen werden *können* (z.B. Inhaber land- und forstwirtschaftlicher Betriebe) oder *müssen* aufgrund der Art ihrer Tätigkeit (Hotels, Reisebüros, Bauunternehmen etc.) oder aufgrund der von ihnen gewählten Rechtsform. Industrie- und Dienstleistungsunternehmen werden im **HR** eingetragen, Genossenschaften im Genossenschaftsregister **(GR)**, Vereine im Vereinsregister **(VR)**.

Das **HR** ist das Verzeichnis aller eingetragenen Unternehmen eines Amtsgerichtsbezirks. Es hat die Aufgabe, die Öffentlichkeit über die rechtlichen Tatbestände der eingetragenen Firmen zu unterrichten. Es besteht aus 2 Teilen: Im **Teil A** werden Einzelkaufleute und Personengesellschaften eingetragen, im **Teil B** die Kapitalgesellschaften. Eintragungspflichtig sind der Name der Firma und des Geschäftsinhabers bzw. der Gesellschafter, der Niederlassungsort, Prokura, die Vorstandsmitglieder einer AG und Konkurse.

Exemplarisch werden nun einige der am häufigsten auftretenden Rechtsformen in Deutschland anhand ihrer wichtigsten Merkmale vorgestellt. Für die Personengesellschaften die **Offene Handelsgesellschaft (OHG),** für die Kapitalgesellschaften die **Aktiengesellschaft (AG)** und die **Gesellschaft mit beschränkter Haftung (GmbH)** und für die Sonderformen die **Genossenschaft**, die vor allem im landwirtschaftlichen Bereich weit verbreitet ist.

■ **Die Offene Handelsgesellschaft (OHG)**. Gesetzesgrundlage: Handelsgesetzbuch (HGB)

Die OHG entsteht durch den Abschluss eines **Gesellschaftsvertrages (GV)** zwischen *mindestens zwei voll haftenden Gesellschaftern.* Das bedeutet, dass jeder sowohl in Höhe seiner Kapitaleinlage wie auch mit seinem gesamten Privatvermögen haftet. Die Haftungsverpflichtung reicht bis 5 Jahre nach Ausscheiden aus dem Unternehmen für alle während der Unternehmenszugehörigkeit angefallenen Schulden des Unternehmens.

Jeder Gesellschafter ist zur Mitarbeit im Unternehmen verpflichtet und kann **Geschäftsführer (GF)** werden. Auch kann jeder das Unternehmen nach außen vertreten, solange der GV nichts anderes regelt. Ist eine Beschränkung der Vertretungsbefugnis beschlossen (z.B. „nur zusammen mit einem anderen Gesellschafter“), muss das im HR eingetragen werden.

Ebenso ist die Verteilung des Jahresgewinns und der Privatentnahmen im HGB genau vorgegeben. Dadurch ist es grundsätzlich keinem Gesellschafter möglich, mehr als den ihm zustehenden Anteil aus dem Unternehmen zu entnehmen und dadurch die Geschäftslage negativ zu beeinflussen.

■ **Die Aktiengesellschaft (AG)**. Gesetzesgrundlage: Aktiengesetz (AktG)

Da es sich bei AGs um große Unternehmen mit hohem Kapitaleinsatz handelt, sind sie sehr strengen gesetzlichen Bestimmungen unterworfen. So schreibt das AktG vor, dass bei Gründung durch Abschluss eines GV mindestens **5 Personen** beteiligt sein müssen, die die Aktien auch gleich übernehmen. Das **Grundkapital** muss mindestens DM 100 000 betragen und der Mindestnennwert einer Aktie darf DM 5 (seit 1994) nicht unterschreiten.

Die Gesellschafter (Aktionäre) **haften** nur in Höhe ihrer Einlage. Außerdem muss am Jahresende ein Geschäftsbericht veröffentlicht werden.

Das AktG enthält darüber hinaus Bestimmungen über die **Organe der AG**, die Ausgestaltung des GV und die Gewinnverteilung (Rechte, die aus dem Aktienbesitz abgeleitet werden). **Organe der AG** sind der **Vorstand** als leitendes, der **Aufsichtsrat (AR)** als kontrollierendes und die **Hauptversammlung (HV)** als beschlussfassendes Organ.

- Der **Vorstand** ist die Geschäftsleitung einer AG und wird vom AR auf höchstens fünf Jahre bestellt. Er muss einmal jährlich, innerhalb der ersten 8 Monate des Geschäftsjahres, eine HV einberufen.
- Die **Hauptversammlung** ist beschlussfassendes Organ. Sie besteht aus den Aktionären bzw. deren Vertretern (i.d.R. Banken, die das Stimmrecht für die Aktionäre wahrnehmen). Die Abstimmungen werden nach Aktiennennwerten vorgenommen, wobei im Allgemeinen mit einfacher Mehrheit abgestimmt wird. Lediglich bei Satzungsänderungen ist eine Dreiviertelmehrheit erforderlich. Das bedeutet: Wenn ein Aktionär mehr als 25 % der Aktienanteile hält, kann er derartige Beschlüsse verhindern (*Sperrminorität*).
- Der **Aufsichtsrat** überwacht die Geschäfte des Vorstands. Seine Amtszeit beträgt höchstens vier Jahre und er muss aus mindestens drei Mitgliedern bestehen. Für ihre Tätigkeit erhalten die Mitglieder eine Vergütung. Die Mitglieder von Aufsichtsräten sind häufig Vertreter von Banken und Gewerkschaften.

■ **Die Gesellschaft mit beschränkter Haftung (GmbH)**. Gesetzesgrundlage: HGB

Die GmbH ist eine sehr oft gewählte Rechtsform für kleine und mittlere Unternehmen. Auch die GmbH wird durch einen GV gegründet. Sie entsteht jedoch rechtlich *erst mit der Eintragung ins HR*. Ihr **Stammkapital** beträgt DM 50.000, wovon mindestens DM 25.000 vor Aufnahme des Geschäftsbetriebs in Form von Geld- oder Sachleistungen eingebracht werden müssen.

Seit 1981 sind auch Einpersonen-GmbHs zugelassen. Hier gilt die Besonderheit, dass nicht nur DM 25.000 vor der Eintragung einzuzahlen sind, sondern zusätzlich für die restlichen DM 25.000 ebenfalls eine Sicherheit gestellt werden muss. Die Gesellschafter **haften** nur in Höhe ihrer Kapitaleinlage. Die **Geschäftsführung** kann auch von Personen wahrgenommen werden, die nicht Gesellschafter sind.

Ein **AR** ist jedoch nur nötig, wenn das Unternehmen mehr als 500 Mitarbeiter hat oder bei Montangesellschaften. Eine **Gesellschafterversammlung** ist juristisch nicht vorgeschrieben, wenn alle Gesellschafter mit einer schriftlichen Stimmabgabe einverstanden sind. Jeder hat in Höhe seiner Kapitaleinlage (Geschäftsanteil) Stimmrecht (eine Stimme pro DM 100).

Die Gewinnverteilung wird i.d.R. im GV geregelt. Ist dort nichts vereinbart, sieht die gesetzliche Regelung eine Verteilung nach Geschäftsanteilen vor.

■ **Die Genossenschaft (eG)**. Gesetzesgrundlage: Genossenschaftsgesetz (GenG)

Ihrem Wesen nach sind die Genossenschaften Selbsthilfeorganisationen von schwächeren Unternehmen, die sich zusammenschließen, um die Vorteile von Großunternehmen zu erhalten (Einkaufsrabatte, verbesserte Absatzmöglichkeiten etc.). Sie sind häufig im landwirtschaftlichen Bereich vertreten (Winzergenossenschaften). Die bekanntesten und größten Genossenschaften in Deutschland sind die der Volks- und Raiffeisenbanken.

Bei Gründung einer Genossenschaft müssen mindestens **sieben Genossen** anwesend sein, die sich eine gemeinsame Satzung **(Statut)** geben und einen **Vorstand** und **Aufsichtsrat** wählen. Die Genossenschaft *entsteht durch Eintragung ins Genossenschaftsregister (GR).* Jedes Mitglied der Genossenschaft muss einen im Statut festgelegten Geschäftsanteil erwerben und wird in eine beim Amtsgericht geführte „Liste der Genossen" eingetragen.

Man unterscheidet Genossenschaften mit **beschränkter Haftpflicht (eGmbH**), d.h. die Genossen haften mit einer im Statut festgelegten Summe und Genossenschaften mit **unbeschränkter Haftpflicht (eGmuH**); hier haften die Genossen mit ihrem gesamten Vermögen. Die **Organe der Genossenschaft** entsprechen denen der AG:

- Der Vorstand besteht aus mindestens zwei Personen, die Genossen sein müssen. Er wird von der **Generalversammlung (GV**) gewählt oder vom **AR** bestellt.
- Die **GV** ist die Versammlung aller Genossen, die mindestens einmal jährlich stattfinden muss. Sie wählt den AR und den Vorstand. Abstimmungen werden nach Anzahl der Köpfe vorgenommen, *nicht* nach Geschäftsanteilen.
- Der **AR** besteht aus mindestens drei Personen, die Genossen sein müssen. Die Mitglieder erhalten eine Auslagenerstattung.

■ Unternehmenszusammenschlüsse

Der Konzentrationsprozess in der Wirtschaft ist eine weltweite Erscheinung. Unternehmen schließen sich zusammen (kooperieren), um unerwünschte Wirkungen des Wettbewerbs zu mildern oder ganz auszuschalten. Wird der freie Wettbewerb jedoch ausgeschaltet, kommt es zu **Marktmacht** und damit zur **Marktbeherrschung**. Die Kooperationsformen der Unternehmen können ganz unterschiedlicher Art sein und von bloßen Empfehlungen (lose Kooperation) bis zur völligen Aufgabe der rechtlichen und wirtschaftlichen Selbstständigkeit führen.

> **Lernziel**: Arten und Problematik von Unternehmenszusammenschlüssen verstehen und deren gesamtwirtschaftliche Bedeutung einschätzen können. Verschiedene Kooperationsformen *(Kartell, Syndikat, Konzern, Holding, Fusion)* kennen und beschreiben können sowie die wichtigste Gesetzesgrundlage, das *Gesetz gegen Wettbewerbsbeschränkungen (GWB)* und die Institution des *Bundeskartellamtes* kennen.

Der Wettbewerb in der Marktwirtschaft hat die Aufgabe, den Markt zu kontrollieren und wirtschaftliche Macht zu begrenzen. Diese Funktion fällt aus, wenn er ausgeschaltet wird. Das hat sowohl Nachteile für die gesamte Volkswirtschaft wie auch für den einzelnen Verbraucher. Um Wettbewerbsbeschränkungen zu begegnen, wurde deshalb in Deutschland 1957 das GWB verabschiedet. Es hat im Laufe der Jahre mehrere Änderungen erfahren.
Nicht zuletzt sind die wettbewerbsrechtlichen Vorschriften der EG Bestandteil des deutschen Wettbewerbsrechts geworden.

Das GWB enthält einerseits ein *grundsätzliches Kartellverbot*, erlaubt aber bestimmte Kartelle, sofern sie *angemeldet* bzw. *genehmigt* wurden (z.B. Strukturkrisenkartelle, Exportkartelle, Rationalisierungskartelle).

Die zuständige Behörde, die die Einhaltung der Normen des GWB überwacht, ist das **Bundeskartellamt** in Berlin. Es kann bestimmte Kartelle erlauben, solange kein *Missbrauch wirtschaftlicher Macht* (z. B. überhöhte Preise, Diskriminierung von Mitanbietern, Bezugs- und Vertriebssperren, Erpressung von Zulieferern) vorliegt. In diesem Fall kann es eine Reihe von Sanktionsmaßnahmen verhängen: Missbrauch ist abzustellen, Verträge/Beschlüsse sind zu ändern, Erlaubnis wird widerrufen, Verträge und Beschlüsse werden für unwirksam erklärt, Bußgeldverfahren.

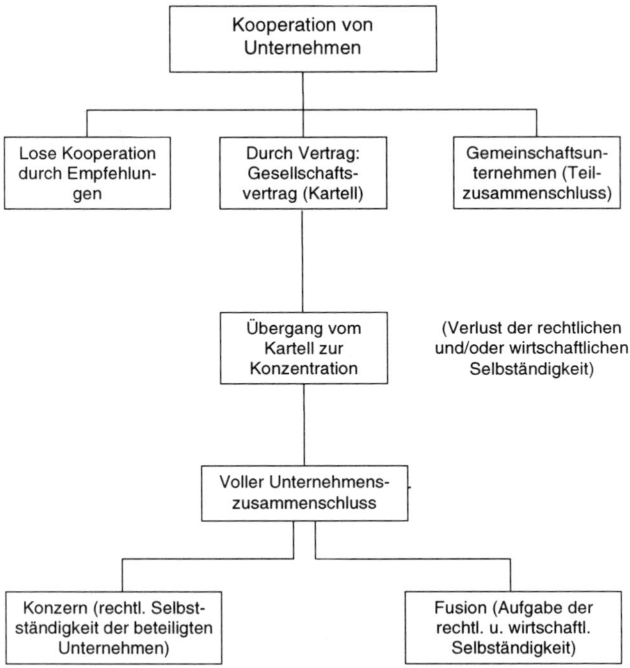

Abb. nach: Digel, *Wie funktioniert das? Die Wirtschaft heute*, S. 421

- **Kartell**
  Das ist der vertragliche Zusammenschluss von Unternehmen, die zwar *rechtlich selbstständig* bleiben, aber einen Teil ihrer wirtschaftlichen Selbstständigkeit aufgeben. **Ziel** von Kartellen ist es, den Wettbewerb untereinander auszuschalten oder einzuschränken. Gegen sie richtete sich ursprünglich das GWB.

- **Syndikat**
  Hierbei handelt es sich um eine besondere Art von Kartellen: Es werden Absprachen über eine

gemeinsame Absatzorganisation getroffen. Sie sind **genehmigungspflichtig** durch das Bundeskartellamt.

- **Konzern**
  Schließen sich mehrere Unternehmen unter einer gemeinsamen Leitung zusammen, verlieren sie ihre wirtschaftliche Selbstständigkeit. Die rechtliche Selbstständigkeit bleibt wie beim Kartell erhalten. Das Ziel eines Konzerns ist *nicht*, den Markt zu beherrschen, sondern den Produktionsablauf zu rationalisieren.
  Sehr gut geeignet für die Bildung eines Konzerns ist die Rechtsform der AG, da hier durch den Ankauf von Aktien eines Unternehmens Einfluss auf dieses gewonnen werden kann (s. AG: 25% Aktienanteil ➔ Sperrminorität).

- **Holdinggesellschaft**
  Sie ist eine besondere Form des Konzerns: Die Aktionäre übertragen ihre Aktien (oder Aktienmehrheit) auf eine Dachgesellschaft (Holding-Company), die die Aktien „hält" und eigene Aktien herausgibt. Zumindest nach außen bleibt die rechtliche Selbstständigkeit der Unternehmen bestehen. Die wirtschaftliche Selbstständigkeit geht jedoch weitgehend auf die Holding über.

- **Trust (Fusion)**
  Die weitestgehende Kooperationsform ist der Trust. Die Unternehmen geben sowohl ihre wirtschaftliche wie auch ihre rechtliche Selbstständigkeit auf und verschmelzen (fusionieren) zu *einem Unternehmen.*

Besonders durch die beiden Kooperationsformen Konzern und Fusion entsteht die Gefahr marktbeherrschender Stellungen und missbräuchlicher Wirkungen auf den Märkten. Das wurde in der GWB-Novelle von 1973 berücksichtigt. Seither ist das Augenmerk mehr auf die Fusionskontrolle als auf die Kartellaufsicht gerichtet. Die Kontrolle erfolgt grundsätzlich erst *nach dem Zusammenschluss* und kann zur Folge haben, dass die Unternehmen wieder entflochten werden müssen. Eine präventive Kontrolle findet nur statt, wenn Umsatzmilliardäre an der Fusion beteiligt sind.

- **Monopol**
  Monopole werden im allgemeinen Sprachgebrauch häufig mit den oben beschriebenen Kooperationsformen verwechselt. Sie sind jedoch rechtlich und wirtschaftlich nicht dasselbe. Von einem Monopol spricht man, wenn auf einem Markt *einem Anbieter viele Nachfrager* gegenüberstehen (**Angebotsmonopol**) oder *einem Nachfrager viele Anbieter* (**Nachfragemonopol**). Dies ist nicht unbedingt der Fall bei den oben genannten Kooperationen.
  Da Monopole aber eine Konzentration wirtschaftlicher Macht darstellen, werden sie in der Regel nicht positiv beurteilt. Sie verdanken ihr Entstehen jedoch nicht unbedingt einer Wettbewerbsbeschränkung (z.B. Fusion), sondern können durch verbesserte Fertigungsverfahren, extreme Spezialisierung oder Innovationen (z.B. Erfindungen, technischen Fortschritt) entstehen.
  Das Kartellamt wird hier im Wege der Missbrauchsaufsicht tätig: Erst wenn ein Missbrauch wirtschaftlicher Macht nachgewiesen werden kann, können Sanktionsmaßnahmen verhängt werden.

2. Tarifparteien, Betriebsrat

(Bearbeitung: Ursula Sherman)

Interessenverbände der Arbeitnehmer bilden eine wichtige Grundlage jeder freien Marktwirtschaftsordnung. Die Aufgaben, die Interessen der Arbeitnehmer gegenüber den Arbeitgebern zu vertreten, haben die Gewerkschaften übernommen. Nach der Vereinigung Deutschlands haben sich die meisten Gewerkschaften durch Fusion mit den Arbeitnehmerorganisationen in den neuen Bundesländern vergrößert.

Lernziel: Überblick über die Organisation der Tarifparteien und ihre Funktionen.

Die größte Gewerkschaftsorganisation (Dachorganisation) in Deutschland ist der ***Deutsche Gewerkschaftsbund (DGB)***, dem 16 Einzelgewerkschaften angehören. Das besondere Merkmal dieser Dachorganisation ist das „Industrieverbandsprinzip", d.h. die Mitglieder der einzelnen Gewerkschaften sind Arbeitnehmer eines Industrie- oder Gewerbezweiges, egal welche Stellung sie in diesem Bereich innehaben. Daneben gibt es die ***Deutsche Angestellten-Gewerkschaft (DAG)***, der grundsätzlich nur Angestellte angehören, gleichgültig in welchem Wirtschaftszweig sie arbeiten. Der ***Deutsche Beamtenbund (DBB)*** vertritt die Belange der Beamten, allerdings ohne das Recht zu haben, Tarifverhandlungen zu führen oder zum Streik aufzurufen. Daneben gibt es noch den ***Christlichen Gewerkschaftsbund (CGD)***. Die Mitgliedschaft in den Gewerkschaften ist freiwillig.

Die Interessen der Arbeitgeber werden von der ***Bundesvereinigung der Deutschen Arbeitgeberverbände (BDA)*** vertreten. Die BDA umfasst sämtliche Wirtschaftszweige.

Die Aufgabe der Gewerkschaften ist es, die wirtschaftliche Lage ihrer Mitglieder zu verbessern. Es gibt im Wesentlichen zwei Arten von Tarifverträgen, die die einzelnen Gewerkschaften mit den entsprechenden Verbänden der Arbeitgeber oder auch mit den einzelnen Arbeitgebern aushandeln. Im ***Rahmen- oder Manteltarif*** werden Fragen der Urlaubsdauer, Kündigungsfristen, Sozialleistungen, Arbeitszeit und Überstunden geregelt. Hier handelt es sich um Mindestregelungen. Dieser Vertrag gilt in der Regel für mehrere Jahre.

Der ***Lohn- oder Gehaltstarifvertrag*** gilt meistens nur für ein Jahr; er regelt den Lohn oder die Bezahlung der Arbeitnehmer. In Firmen, die in anderen europäischen Ländern produzieren, sind die Arbeitnehmer oft in landesübergreifenden Euro-Gewerkschaften organisiert.

In der BRD gilt die ***Tarifautonomie***, d.h. dass die Sozialpartner unabhängig von staatlichen Eingriffen ihre Tarifverträge aushandeln können. Kommt es zu keiner Einigung, so bleibt den Gewerkschaften das Recht, nach einer Urabstimmung zum Streik aufzurufen, während die Arbeitgeber das Recht der Aussperrung haben. Warnstreiks sind schon während der Tarifverhandlungen zulässig.

Das Verhältnis von Arbeitgebern und Arbeitnehmern hat sich seit Bestehen der Bundesrepublik verändert. Die Arbeitnehmer haben in langen Auseinandersetzungen eine Reihe von Rechten erlangt, die sie an ihrem Arbeitsplatz schützen und ihnen die ***Mitbestimmung*** in der Betriebsführung gewähren. Das Betriebsverfassungsgesetz von 1972 regelt im Wesentlichen die betriebliche Mitbestimmung in personellen, wirtschaftlichen und sozialen Fragen durch den ***Betriebsrat***. Das Mitbestimmungsgesetz von 1976 erweitert die Mitbestimmung auf alle Betriebe mit mindestens fünf Arbeitnehmern (ohne Auszubildende). Der Betriebsrat wird in freier und geheimer Wahl von allen Arbeitnehmern eines Betriebes auf drei Jahre gewählt. Arbeitnehmer unter 18 Jahren wählen ihren eigenen Betriebsrat, den sogenannten ***Jugendausschuss***.

Aufgaben des Betriebsrats:

- Beantragung von Maßnahmen, die dem Betrieb und der Belegschaft dienen
- Vermittlung zwischen Arbeitnehmer und Arbeitgeber bei Beschwerden
- Mitbestimmung bei innerbetrieblichen Regelungen
- Beratung und Kontrolle bei Fragen des Arbeitsschutzes
- Einspruchsrecht in personellen Fragen
- Mitspracherecht in wirtschaftlichen Dingen (z.B. Stilllegung von Betrieben, Einsparungen)

Die unternehmerische Mitbestimmung tritt in der paritätischen Zusammensetzung der ***Aufsichtsräte*** der Aktiengesellschaften, der Kommanditgesellschaften auf Aktien und großen GmbHs (mit mehr als 2000 Beschäftigten) in Kraft. Hier werden jeweils die Hälfte der Aufsichtsratsmitglieder von den Anteilseignern und den Arbeitnehmern gewählt (leitende Angestellte treten auf der Arbeitnehmerseite auf).

In AGs und GmbHs (mit über 500 Beschäftigten) werden zwei Drittel der Mitglieder des Aufsichtsrats von den Anteilseignern und ein Drittel von der Belegschaft gewählt.

3. Nationale und internationale Einrichtungen und Organisationen

(Bearbeitung: Helfried W. Seliger)

Auf nationaler und internationaler Ebene wirken eine Reihe von Einrichtungen und Organisationen auf bedeutsame Weise auf das wirtschaftliche Leben ein. Hier sei nur auf die wichtigsten mit den ihnen eigenen Bedeutungs- und Wirkungsbereichen verwiesen.

> **Lernziel:** Kenntnis der wichtigsten Einrichtungen und Organisationen auf sowohl nationaler wie auch internationaler Ebene mit einem Grundverständnis ihrer Aufgaben und Funktionen.

■ Industrie- und Handelskammern

Deutscher Industrie- und Handelstag (DIHT)
Der Deutsche Industrie- und Handelstag (DIHT) mit Sitz in Bonn ist die Dachorganisation der 83 Industrie- und Handelskammern und vertritt die Interessen der gewerblichen Industrie auf Bundesebene sowie gegenüber der Europäischen Kommission in Brüssel und internationalen Organisationen. Er vertritt die deutsche Wirtschaft aller Stufen und Branchen und arbeitet mit den Industrie- und Handelskammern des Auslandes zusammen und betreut vor allem die deutschen Auslandshandelskammern weltweit.

Industrie- und Handelskammer (IHK)
Mit Ausnahme der freien Berufe, Handwerksbetriebe und landwirtschaftlichen Betriebe sind per Gesetz alle gewerblichen Unternehmen in einem bestimmten Bezirk Mitglied der jeweiligen Industrie-und Handelskammer (IHK). Insgesamt gibt es 83 IHKs, die regional gegliedert sind und die Interessen der regionalen Unternehmerschaft gegenüber den Kommunen, Landesregierungen und sonstigen staatlichen Stellen vertreten. Die IHKs sind demokratisch aufgebaute Körperschaften des öffentlichen Rechts. Alle Mitglieder sind gleichberechtigt in der Vollversammlung vertreten, die den Präsidenten und das Präsidium wählt. Die Kammern sind politisch unabhängig und frei von Staatseinfluss. Präsident und Hauptgeschäftsführer vertreten die Kammer nach außen hin. Die Wirtschaftsminister der Bundesländer führen die Aufsicht über die IHKs.
Zu ihren vorrangigen Aufgaben gehören unter anderem:

- die Vertretung der Interessen ihrer Mitglieder nach außen;
- die sachkundige Beratung und Unterstützung ihrer Mitglieder auf breitester Basis (bez. Rationalisierung, Firmengründung, Umweltprobleme, Außenhandel; durch Ausstellung von Gutachten, Beglaubigungen, Ursprungszeugnissen etc.);
- die Aufsicht über die berufliche Ausbildung der gewerblichen und kaufmännischen Berufe inklusive der Abnahme von Prüfungen. Ebenso die Organisation von Fortbildungskursen;
- die Beratung öffentlicher Stellen; Zusammenarbeit mit den Behörden;
- die Förderung des Tourismus in der Region.

Auslandshandelskammer (AHK)
Die deutschen Auslandshandelskammern sind ein äußerst wichtiges Instrument zur Förderung der deutschen Außenwirtschaft. Das Netz der über 70 AHKs, Delegiertenbüros und Repräsentanzen erfasst praktisch alle Länder, mit denen die Bundesrepublik außenwirtschaftliche Beziehungen unterhält, und vertritt über 40.000 Mitgliedsunternehmen jeglicher Größe und Branchenzugehörigkeit. Die AHKs arbeiten bilateral, d.h. sie wahren deutsche Wirtschaftsinteressen im Ausland und vertreten gleichzeitig die Wirtschaftsinteressen des Gastlandes. Sie unterstützen den Handel in beide Richtungen, indem sie deutsche Unternehmen über die Marktverhältnisse im Gastland beraten und den Firmen des Gastlandes Informationen über den deutschen Markt zugänglich machen.

Zu ihren wichtigsten Funktionen zählen: Beratung von Unternehmen in Bereichen wie Marketing, Recht, Finanzen, Messen; Vermittlung von Geschäftskontakten, Ausgabe von Wirtschaftsinformationen, Organisation von Unternehmertreffen, Kongressen, Symposien; Werbung und Verkauf für Messegesellschaften.

Die AHKs sind Mitgliedsorganisationen, deren Mitglieder den Vorstand aus ihren Reihen wählen. Der Geschäftsführer wird jedoch auf Vorschlag des DIHT vom Kammervorstand eingestellt. Die Finanzierung erfolgt zum größten Teil durch den Verkauf von Dienstleistungen. Mitgliedsbeiträge und die Unterstützung durch die deutsche Kammerorganisation bestreiten den Rest.

Die enge gegenseitige Verflechtung der AHKs mit den 83 IHKs und dem DIHT in Deutschland bildet zusammen mit den Auslandsvertretungen der Bundesrepublik ein dichtes Netz von Kontakten rund um die Erde, das der kooperativen Markterschließung dient.

■ Gewerkschaften und Arbeitgeberverbände

Gewerkschaften
Näheres über die Funktionen und Aufgaben der Gewerkschaften entnehme man dem vorhergehenden Kapitel über „Tarifparteien, Betriebsrat". Der Deutsche Gewerkschaftsbund (DGB) ist der Dachverband der 16 Einzelgewerkschaften, deren Grundforderungen er bundesweit nach außen vertritt. Der DGB hatte Ende 1995 insgesamt 9,35 Millionen Mitglieder. Die Namen der Gewerkschaften mit ihren Mitgliederzahlen (Stand 31.12.1995) sind wie folgt:

Industriegewerkschaft Metall	2.869.469	IG Metall
Gew. Öffentliche Dienste, Transport und Verkehr	1.770.789	ÖTV
IG Chemie-Papier-Keramik	723.240	
IG Bau-Steine-Erden	639.851	
Deutsche Postgewerkschaft	529.233	DPG
Gew. Handel, Banken und Versicherungen	520.166	GHBV
Gew. der Eisenbahner Deutschlands	398.404	GdED
IG Bergbau, Chemie, Energie	376.366	IG BCE
Gew. Nahrung-Genuss-Gaststätten	322.019	NGG
Gew. Erziehung und Wissenschaft	306.448	GEW
Gew. Textil-Bekleidung	216.288	GTB
IG Medien	206.786	
Gewerkschaft der Polizei	198.897	GdP

Gew. Holz und Kunststoff	170.908	GHK
Gew. Gartenbau, Land- u. Forstwirtschaft	82.725	GGLF
Gew. Leder	23.081	

Quelle: *Tatsachen über Deutschland*, 1996, S. 387

Zum 1.1.1996 haben die IG Bau-Steine-Erden und Gewerkschaft Gartenbau, Land- und Forstwirtschaft zur IG Bau-Agrar-Umwelt (IG BAU) fusioniert.

Arbeitgeberverbände

Zur besseren Wahrung ihrer gemeinsamen Interessen haben sich die Arbeitgeber in Arbeitgeberverbänden zusammengeschlossen. Als Verhandlungspartner der Gewerkschaften vertreten sie die sozialpolitischen Interessen ihrer Mitglieder. Die einzelnen Industriezweige haben ihre eigenen Fachverbände (z.B. Einzelhandel, Metallindustrie), die auf Landes- und Bundesebene organisiert sind. Die Fachspitzenverbände sind in der **Bundesvereinigung der Deutschen Arbeitgeberverbände e.V. (BDA)** mit Sitz in Köln zusammengeschlossen. Die BDA ist Gesprächspartner der gewerkschaftlichen Dachorganisationen und vertritt die Interessen der Arbeitgeber auf politischer Ebene. Die Tarifverträge mit den Gewerkschaften werden jedoch von den einzelnen Fachverbänden abgeschlossen.

■ Welthandelsorganisation (WTO) und OECD

Welthandelsorganisation (WTO)

Die Welthandelsorganisation WTO (*__W__orld __T__rade __O__rganisation*) ist seit dem 1.1.1995 die Nachfolgeorganisation des GATT (*__G__eneral __A__greement on __T__ariffs and __T__rade*). Die Gründungsakte wurde während der Uruguay-Runde des GATT von 121 Staaten unterzeichnet. Im ersten Jahr ist die Mitgliederzahl auf 123 angewachsen, und weitere 31 Staaten haben ihren Beitritt beantragt.

Neben dem klassischen Handel mit Waren (GATT) versucht die WTO nunmehr auch Dienstleistungen und geistige Eigentumsrechte in zahlreichen Abkommen international zu regeln. Ihre Hauptfunktionen sind die Verwaltung und Durchführung der multilateralen Handelsabkommen, die zusammen die WTO ausmachen. Sie dient als Forum für multilaterale Verhandlungen, schlichtet Handelsdispute durch umfangreiche Streitbeilegungsregeln und -verfahren, überwacht nationale Handelspraktiken und arbeitet mit anderen internationalen Institutionen zusammen, die sich mit globaler Wirtschaftspolitik befassen.

Zu den vorrangigen Zielen der WTO gehört es, die Märkte auf voraussehbare Weise zugänglicher zu machen, den fairen Wettbewerb zu fördern, das wirtschaftliche Wachstum in den Entwicklungsländern zu unterstützen und ökonomische Reformen anzuregen. Die WTO ist seit Gründung der UN die erste internationale Organisation mit politischem Charakter im Handelsbereich.

OECD (**O**rganization for **E**conomic **C**ooperation and **D**evelopment)

Die „Organisation für wirtschaftliche Zusammenarbeit und Entwicklung“ ging 1961 aus der *OEEC* (*__O__rganization for __E__uropean __E__conomic __C__ooperation*) hervor. Ihre Hauptziele sind eine optimale Wirtschaftsentwicklung und Beschäftigung sowie ein steigender Lebensstandard in den Mitgliedstaaten, ebenso die Förderung des wirtschaftlichen Wachstums in den Entwicklungsländern und ganz allgemein die Ausweitung des Welthandels. Vor allem durch die Zusammenarbeit in der Wirtschafts- und Währungspolitik sowie in der Außenhandels- und Entwicklungspolitik sollen diese Ziele erreicht werden. Die OECD hat ihren Sitz in Paris und zählt inzwischen 29 Mitglieder. Die drei deutschsprachigen Länder, die USA und Kanada gehören ihr seit 1961 an.

■ Weltbank-Gruppe

Die Weltbank ist eine internationale Organisation mit mehreren Tochterorganisationen, deren Ziel es ist, den Lebensstandard in Entwicklungsländern durch die Vergabe von Projekt- und Programmmitteln zu heben.

Nach der Konferenz von Bretton-Woods (1944) im Jahre 1945 gegründet, hat sie die Aufgabe, internationales Kapital für produktive Zwecke einzusetzen. Auch als ***Internationale Bank für Wiederaufbau und Entwicklung (IBRD)*** bekannt, galt ihr Augenmerk zunächst dem Wiederaufbau kriegszerstörter Gebiete, dann der Finanzierung und Unterstützung großer Projekte in den Entwicklungsländern, neuerdings auch in den GUS-Staaten, den unabhängigen Nachfolgestaaten der ehemaligen Sowjetunion. Die BRD trat ihr 1952 bei. Ende des Jahres 1995 gehörten der Weltbank bereits 179 Länder an. Obwohl ihr Kapital von den Mitgliedsländern gezeichnet wird, finanziert sie ihre Kreditvergabe vor allem durch die eigene Aufnahme von Mitteln auf dem internationalen Kapitalmarkt. Tochterorganisationen sind:

- ***International Development Association (IDA)*** oder *Internationale Entwicklungsorganisation*
  Gründung 1960. Zweck: Finanzierung von Wirtschaftsprojekten in den ärmsten Entwicklungsländern (jährl. BSP maximal 725 US-Dollar pro Kopf) zu günstigeren Bedingungen als IBRD-Darlehen.
- ***International Finance Corporation (IFC)*** oder *Internationale Finanzkorporation*
  Gründung 1956. Mitgliedstaaten 1996: 170. Zweck: Förderung des wirtschaftlichen Wachstums in Entwicklungsländern und GUS-Staaten durch Unterstützung des privaten Sektors. Wirkt als Katalysator durch Finanzierung gewinnversprechender Projekte, die für die Wirtschaft des betreffenden Landes von Vorteil sind. Seit ihrer Gründung hat die IFC mehr als 30 Mrd. US-Dollar in über 1.700 Unternehmen in 120 Ländern investiert.
- ***International Monetary Fund (IMF)*** oder *Internationaler Währungsfonds (IWF)*
  Gründung 1945. Mitgliedstaaten 1996: 180. Zweck: Förderung der internationalen Zusammenarbeit auf währungspolitischem Gebiet, Ausweitung des Welthandels und Sicherstellung geordneter Währungsbeziehungen zwischen den Mitgliedern. Zur Finanzierung zeitweiser Zahlungsbilanzdefizite gewährt er Kredite an die Mitglieder, verlangt aber im Gegenzug von den Empfängern angemessene wirtschaftspolitische Maßnahmen, um die Zahlungsbilanzprobleme zu beseitigen. Je höher der Kreditbetrag, desto strenger sind die wirtschaftspolitischen Auflagen.
- ***Multilateral International Guarantee Agency (MIGA)*** oder *Multilaterale Investitionsgarantie-Agentur*
  Gründung 1988. Zweck: Förderung von Kapitalbeteiligungen und anderen Direktinvestitionen durch die Versicherung nicht-kommerzieller Risiken.

- ***Global Environment Facility (GEF)*** oder *Globale Umweltfazilität*
  Gründung: 1991. Zweck: Unterstützung der Entwicklungsländer, weltweite Umweltprobleme in Angriff zu nehmen, vor allem
  - die weltweite Erwärmung der Atmosphäre,
  - die Verschmutzung internationaler Gewässer,
  - die Zerstörung der biologischen Vielfalt,
  - die Ausdünnung der stratosphärischen Ozonschicht.
- ***Consultative Group on International Agricultural Research (CGIR)***
  Gründung 1971. Mitgliedstaaten 1994: 49. Zweck: Koordination und Verstärkung der internationalen Forschung in der Landwirtschaft zur Verbesserung der Nahrungsmittelproduktion in den Entwicklungsländern.

■ Handelszonen

Im Zuge der Globalisierung der Märkte haben sich jeweils mehrere Länder zu verschiedenen Handelszonen zusammengeschlossen, um die Hemmnisse im Handelsverkehr zwischen den Mitgliedern so weit wie möglich abzubauen und ihre Chancen im internationalen Wettbewerb zu verbessern. Zu den wichtigsten gehören:

Europäische Union (EU)
Durch die Erweiterung im Jahre 1995 umfasst die EU nunmehr 15 Staaten mit insgesamt 374 Millionen Einwohnern und einer Wirtschaftskraft von über 7.500 Mrd. Dollar im Jahr. Im Vertrag von Maastricht wurde der schrittweise Ausbau zur politischen Union und zur Wirtschafts- und Währungsunion beschlossen. Weitere Länder bemühen sich um Mitgliedschaft.

Als ***Europäischen Wirtschaftsraum (EWR)*** bezeichnet man den Zusammenschluss von Europäischer Union (EU) und den Ländern der Europäischen Freihandelszone (EFTA) auf wirtschaftlichem Gebiet. Mitglieder sind die 15 EU-Staaten sowie die Staaten der EFTA mit Ausnahme der Schweiz, d.h. Island, Norwegen und Liechtenstein. Dadurch entstand einer der größten gemeinsamen Wirtschaftsräume mit weitgehend freiem Verkehr von Waren, Dienstleistungen und Kapital.

North American Free Trade Agreement (NAFTA)
Mit dem 1. Januar 1994 trat das Wirtschaftsbündnis zwischen den Industrienationen USA und Kanada sowie dem Schwellenland Mexiko in Kraft. Mit 372 Millionen Einwohnern und einer Wirtschaftskraft von über 6.500 Mrd. Dollar im Jahr ist dies die größte Freihandelszone der Welt. Bis zum Jahr 2005 soll sie auf ganz Südamerika erweitert und es sollen sämtliche Handelshemmnisse abgeschafft werden.

Association of South East Asian Nations (ASEAN)
Seit 1967 sind Indonesien, Malaysia, Thailand, Singapur, die Philippinen und Brunei in der Gemeinschaft der südostasiatischen Staaten zusammengeschlossen. Das Wirtschaftsbündnis mit 334 Millionen Menschen und einer Wirtschaftskraft von knapp 400 Mrd. Dollar im Jahr soll erweitert und bis zum Jahr 2000 zur Freihandelszone ausgebaut werden.

Asian Pacific Economic Cooperation (APEC)
Mit 18 Mitgliedstaaten umfasst die 1989 gegründete Asiatisch-Pazifische Wirtschaftskooperation die Hälfte der Weltbevölkerung und 56% des Weltsozialprodukts. Inzwischen wird knapp die Hälfte des Welthandels zwischen APEC-Staaten abgewickelt. Bis zum Jahr 2010 wollen die Industrienationen innerhalb der APEC alle Handelsbarrieren abbauen, die Entwicklungsstaaten bis zum Jahr 2020.

MERCOSUR
Der „Gemeinsame Markt“ Südamerikas umfasst Argentinien, Brasilien, Paraguay und Uruguay mit fast 200 Millionen Menschen und einer Wirtschaftskraft von jährlich knapp 650 Mrd. Dollar. Die Handelsschranken zwischen den Mitgliedsländern sind weitgehend beseitigt; über den Beitritt von Bolivien und Chile wird derzeit verhandelt.

AKP-Staaten
Seit 1975 bestehende Vereinigung von 70 Ländern des **A**siatischen, **K**aribischen und **P**azifischen Raumes. Die EU unterhält besondere Beziehungen mit den aus den ehemaligen Kolonien heutiger EU-Länder hervorgegangenen Staaten und räumt ihnen vor allem Handelsvorteile durch relativ freien Zugang zum EU-Markt ein.

III. Fakultativer Bereich

1. Kommunikationswesen

(Bearbeitung: Helfried W. Seliger)

Rasante Fortschritte in der Halbleiterforschung ermöglichten die Herstellung von immer leistungsfähigeren Chips und haben damit eine regelrechte Umwälzung auf dem Gebiet der Mikroelektronik bewirkt. Die schnelle Anwendung der neuen Hochtechnologie hat inzwischen fast alle Bereiche des modernen Lebens erfasst. Der Siegeszug der Mikroelektronik hat die Arbeitswelt wie auch viele Bereiche des täglichen Lebens nachhaltig beeinflusst, sei es in der Fabrik, im Büro oder zu Hause: Computer, Fotokopierer, Telefax, Industrieroboter etc. haben zu ungeahnten Steigerungsraten in der Produktivität und im Kommunikationswesen zu Riesenzuwachsraten in Sachen Geschwindigkeit und Leistungsfähigkeit geführt.

Lernziel: Kenntnis der wichtigsten Aspekte der Themenbereiche Datenverarbeitung/Computer und Telekommunikation mit Ausblick auf die Möglichkeiten und Probleme der sich abzeichnenden Informationsgesellschaft.

■ Datenverarbeitung/Computer

Zumindest in den westlichen Industrieländern werden bereits Schulkinder mit den Grundfunktionen eines Computers vertraut gemacht, denn EDV-Kenntnisse (***EDV*** = Elektronische Datenverabeitung) werden für den Erfolg im Berufsleben bald unentbehrlich sein, egal in welcher Branche. Der Personalcomputer (PC) hat effektiv die Schreibmaschine ersetzt. Mit der richtigen ***Hardware*** (den apparativen Bestandteilen der Anlage wie Rechner, Tastatur, Bildschirm, Drucker, Modem, Scanner etc.) und der passenden ***Software*** (z.B. Textverarbeitungs-, Tabellenkalkulations- oder Datenbankprogramm) ist der PC zum Rückgrat des modernen Büros geworden. Durch die Multimedia-Technik, mittels derer verschiedene Medien wie Text, Ton, Grafik, Animation oder Video vereint oder gemeinsam verarbeitet werden können, durch die Vernetzung mehrerer Computer innerhalb einer Organisation (***LAN*** = Local Area Network) oder die externe Vernetzung auf internationaler Basis, die zur Entwicklung der elektronischen Post (***E-Mail***) und nicht zuletzt zur Einführung des ***Internets*** geführt hat, durch all die schnell aufeinander folgenden Schritte hat sich der Computer von einem isolierten Schreib-, Kalkulations-, bzw. Zeichengerät mit stets zunehmender Speicherkapazität zu einem interaktiven Kommunikations- und Informationsmittel ersten Ranges entwickelt.

■ Internet

War der weltweite Kommunikationsverbund „Internet“ bis Anfang der neunziger Jahre noch weitgehend ein Forschungsnetz, dessen ***Nutzer*** hauptsächlich Wissenschaftler und Studenten an Universitäten waren, so änderte sich dies schlagartig mit der Entwicklung des bedienungsfreundlichen World Wide Web (WWW) am Europäischen Kernforschungszentrum CERN in Genf. Das Internet wurde so zum globalen Kommunikationsmedium, auf dem weltweit an die 40 Millionen Menschen ***surfen***. In Deutschland gibt es fast 6 Millionen Nutzer. Eine Reihe von ***Online-Anbietern*** (z.B. T-Online, CompuServe, AOL) ermöglicht den Zugang zu einem reichhaltigen Angebot: ***Teleshopping, Telebanking, E-Mail, Datenbanken***, ***Diskussionsforen*** und Ähnlichem.

■ Telekommunikation

Die Telekommunikationsbranche hat Zuwachsraten zu verzeichnen wie kaum eine andere Branche. Die Vielfalt der Innovationen im ***IT-Bereich*** (**I**nformations-und **T**elekommunikationstechnologie) sowie die Unterschiedlichkeit der Bedürfnisse ihrer Anwender haben ein breites Angebot an Kommunikationsmitteln entstehen lassen:

Funktelefon
Das Mobiltelefon oder kurz ***Handy*** ist insbesondere für Berufstätige im Außendienst unerlässlich geworden und gehört inzwischen zum Statussymbol junger Aufsteiger. In Deutschland hat sich die Zahl der Anschlüsse in dem kurzen Zeitraum von nur 2 Jahren (1995–1997) um 2,5 Millionen auf 5 Millionen verdoppelt. Hersteller und Netzanbieter rechnen künftig mit noch größeren Zuwachsraten, besonders im Zusammenhang mit der Deregulierung des Telekommunikationsmarktes in ganz Europa.

ISDN *(Integrated Services Digital Network)*
Das „Dienste-integrierte digitale Netzwerk“ funktioniert durch Digitalisierung der bisher analogen Übertragung im bestehenden Telfonnetz, d.h. es funktioniert über die bereits vorhandenen Kupferkabelnetze und erfordert keine aufwendige Verlegung von neuen Glasfaserkabeln. Das ISDN der Deutschen Telekom AG integriert folgende Dienste: Telefonieren, Fernkopieren, Bildtelefon, Datenübertragung, Textübertragung („Teletex“), Fernschreiben („Telex“) sowie Bildschirmtext oder BTX.

BTX *(Bildschirmtext)*
Der Mitteilungs- und Informationsdienst der Deutschen Bundespost, „Deutsche Telekom“, mit etwa 3.000 Anbietern und rund 700.000 Informationsseiten zählt über 300.000 Teilnehmer. BTX ist entweder über den PC mit Modem und Softwaredecoder oder über einen ISDN-Anschluss verfügbar. Die Anwendungen von BTX sind recht vielseitig, z.B. elektronisches Telefonbuch, Fahrplanauskunft, Informationsdienste und Datenbanken, Kontoführung, Teletreffs, Kommunikation mit zahlreichen Firmen und Institutionen.

Cityruf
Cityruf ist ein von der T-Mobil betriebener Funkdienst (Pager-Service). Die T-Mobil ist ein Tochterunternehmen der Deutschen Telekom.

CTI (Computer Telephony Integration)
Die bevorstehende Integration von Computing und Telefonie soll den Anwender in die Lage versetzen, seinen Kunden besseren Service zu bieten und Kosten einzusparen. Die neue Technologie ermöglicht die Bearbeitung von mehr Anrufen zur gleichen Zeit. Die nach dem Anruf zu erledigenden Aufgaben lassen sich durch die gleichzeitige Aufnahme von Daten während des Gesprächs reduzieren. Automatische Bildschirmanzeigen können parallel zum eingehenden Telefonat zusätzliche Informationen, z.B. über den anrufenden Kunden, liefern.

■ Informationsgesellschaft

Wie die Bundesregierung in ihrem Bericht „Info 2000: Deutschlands Weg in die Informationsgesellschaft" vom 7. Februar 1996 darlegte, ist bereits heute jeder zweite neue Arbeitsplatz dem Informationssektor zuzurechnen. Einem rohstoffarmen Land wie Deutschland, dessen Bevölkerung jedoch über beträchtliches technisches Know-how verfügt, bietet sich die einmalige Chance, im Laufe der nächsten 10 bis 15 Jahre allein im IT-Bereich ein bis zwei Millionen neuer Arbeitsplätze zu schaffen und im globalen Wettbewerb zu bestehen. Das längste Breitbandnetz und das dichteste Glasfasernetz der Welt sind in Deutschland installiert, nicht in den USA oder Japan, und damit besitzt Deutschland bereits eine sehr gute Infrastruktur für Multimedia und Datenbahnen und die kommende Informationsgesellschaft. Auf die Informations- und Kommunikationstechnik entfallen bereits heute über 30% des gesamten Elektromarkts. Überdurchschnittlich hohe Wachstumsraten von jährlich über 8% unterstreichen nicht nur die wirtschaftliche Bedeutung dieses Sektors, sondern lassen auch erahnen, wie schnell und durchgreifend sich die Lebens-, Arbeits- und Erfahrungswelt des Einzelnen ändern wird.

Als Schlüsselfaktoren für die Geschwindigkeit, mit der die Unternehmen die neuen Techniken zum Einsatz bringen und somit ihre Wettbewerbsfähigeit im internationalen Vergleich steigern können, nennt der Regierungsbericht vor allem:
- günstigere Preise, verbesserte Infrastruktur der Telekommunikation
- mehr Wettbewerb durch neugestaltete rechtliche Rahmenbedingungen (Deregulierung, Privatisierung, Multimedia-Gesetz)
- Anpassung des Bildungssystems, Vernetzung der Schulen
- größere Akzeptanz bei den privaten Haushalten.

Experten vergleichen Folgen und Tragweite der Neuerungen im IT-Bereich mit den großen Umwälzungen, die durch die Industrielle Revolution des 19. Jahrhunderts ausgelöst wurden. Die digitale Technik, Chip und Computer stellen Basisinnovationen dar, die eine lang anhaltende wirtschaftliche Wachstumsphase auslösen wie seinerzeit die neuen Technologien der Dampfmaschine, der Eisenbahnen, des Automobils oder des Flugzeugs.

Die Integration von Computertechnik, Telekommunikation, Unterhaltungselektronik und Medien sowie die fortschreitende Tendenz der Digitalisierung und Miniaturisierung sind von nachhaltiger Einwirkung auf die Welt der Arbeit und der Freizeit. Die Arbeit wird nicht nur physisch leichter, sondern auch zunehmend ortsunabhängig. Telearbeit (nicht unbedingt gleichzusetzen mit Heimarbeit!) wird an Bedeutung zunehmen, Arbeitsplätze im produzierenden und verarbeitenden Gewerbe werden an Bedeutung verlieren.

Der Arbeitsvorgang selber wird dezentralisiert. Groupworking und Teamarbeit werden alte Hierarchien aufbrechen, jeden ständig vor neue Aufgaben stellen und immer wieder die Aneignung neuer Kenntnisse und Fertigkeiten erfordern. Es bleibt zu hoffen, dass die Ermöglichung und Erleichterung der Kommunikation untereinander, ungeachtet der Unterschiede in Alter, gesellschaftlicher Position, Einkommen oder Nationalität, auch einer größeren sozialen Integration den Weg ebnen werden.

2. Versicherungswesen

(Bearbeitung: Hannelore Hirn)

Neben der gesetzlich vorgeschriebenen Versicherungspflicht in den Sozialversicherungen existiert in Deutschland ein umfangreiches Netz von Privat- oder Individualversicherungen. Versicherungsträger (=Unternehmen, die Versicherungen anbieten) sind private Versicherungsunternehmen und öffentlich-rechtliche Versicherungsanstalten. Zunehmend betätigen sich auch die Banken am Versicherungsmarkt.

Lernziel: Bedeutung der Versicherungen und des Versicherungssystems in Deutschland kennen und einige wichtige Versicherungsarten nennen können.

Das Versicherungsverhältnis kommt durch einen zwischen dem Versicherungsnehmer (private Haushalte oder Unternehmen) und dem Versicherer geschlossenen Vertrag zustande. Der Versicherer ist aufgrund des Versicherungsvertragsgesetzes (VVG) verpflichtet, dem Versicherungsnehmer eine Urkunde über den zustande gekommenen Vertrag auszuhändigen (Versicherungsschein/-police).

Es handelt sich bei dieser Art von Verträgen um **Risikoversicherungen**, d.h. es wird ein Eventualbedarf abgedeckt, der mit einer gewissen Wahrscheinlichkeit in der Zukunft entsteht. Die Höhe des Risikos ist für die Versicherer kalkulierbar und findet Eingang in die Höhe der regelmässig zu leistenden Prämien (Versicherungsbeiträge).

Die Versicherungsunternehmen haben eine **eminente volkswirtschafliche Bedeutung**. Da sie über hohe Kapitalbeträge verfügen, haben sie großen Einfluss am Kapitalmarkt: Sie kaufen in großem Umfang festverzinsliche Wertpapiere und vergeben sichere Kredite. Außerdem wird die Störanfälligkeit der Volkswirtschaft durch die Versicherungen vermindert. So entstehen beispielsweise Störungen, wenn sich Schäden an einzelnen Stellen konzentrieren (Hochwasserschäden im Frühjahr). Dieses Risiko wird duch laufende Zahlungen aus dem Volkseinkommen gemindert.

Auch hat der Staat großes Interesse daran, dass sich seine Bürger selbst gegen Risiken versichern, um im Zweifelsfalle nicht der staatlichen Fürsorge zur Last zu fallen. Deshalb überlässt der Gesetzgeber bestimmte Versicherungen nicht der freien Entscheidung des Bürgers, sondern *schreibt sie gesetzlich vor* (Kraftfahrzeughaftpflichtversicherung (KH), Unfallversicherung für Luftverkehrsunternehmer, Feuerversicherung für Gebäude). Andere Versicherungen werden *steuerlich begünstigt* wie die private Kranken-, Unfall-, Lebens- und Haftpflichtversicherung.

Weil das Versicherungswesen eine solch bedeutende Rolle spielt, unterliegt es einer **speziellen Staatsaufsicht**. Alle Versicherungsunternehmen müssen staatlich zugelassen sein und ihre Vorgehensweisen und die Prämien der Kfz-Haftpflicht, der Kranken- und Lebensversicherung müssen staatlich genehmigt sein. Die Staatsaufsicht wird im Wesentlichen durch das **„Bundesaufsichtsamt für das Versicherungswesen“ (BAV)** in Berlin vorgenommen.

Nach **Art des Versicherungsgegenstandes** werden die folgenden Individualversicherungen unterschieden:

Personenversicherung	Sachversicherung	Vermögensversicherung
priv. Krankenversicherung priv. Unfallversicherung Lebensversicherung	Kfz-Versicherung Feuerversicherung Sturmversicherung Einbruchdiebstahlversiche-rung Glasbruchversicherung	priv. Haftpflichtversicherung Rechtsschutzversicherung Betriebsunterbrechungsver-sicherung Kreditversicherung

Die wichtigsten Versicherungszweige – gemessen an der Höhe ihres Beitragsaufkommens – sind die Lebensversicherung, die Kraftfahrzeughaftpflichtversicherung, die private Krankenversicherung, die allgemeine Haftpflicht- und die Feuerversicherung. Sie erwirtschaften über 75 % des Beitragsaufkommens.

■ Personenversicherungen

- **Die private Krankenversicherung (pKV)**
  Personen, die nicht in der gesetzlichen Krankenversicherung pflichtversichert sind (Selbstständige, Beamte, Arbeitnehmer mit Einkommen über der Beitragsbemessungsgrenze), können sich bei einer pKV versichern. Anders als in der gesetzlichen KV ist die Prämienhöhe hier jedoch vom individuellen Risiko abhängig. Je höher das Eintrittsalter, je mehr Vorerkrankungen und je mehr Personen (Familienmitglieder) versichert sind, umso teurer wird es. Deshalb ist die pKV vorwiegend für gut verdienende Singles geeignet. Zunehmend schließen auch viele Pflichtversicherte Zusatzversicherungen bei privaten Versicherern ab, um im Krankheitsfall bessere Leistungen in Anspruch nehmen zu können (Einbettzimmer, Chefarztbehandlung etc.).

- **Die Lebensversicherung (LV)**
  Die Lebensversicherung dient zur Alters- und Hinterbliebenenvorsorge. Die Vertragsgestaltung kann daher unterschiedlich sein. Im Allgemeinen werden sie jedoch auf den „Erlebensfall" abgeschlossen. Das bedeutet, daß bei Erreichen eines gewissen Alters die vereinbarte Summe einmalig oder in monatlichen Beträgen als Zusatzrente ausgezahlt wird. Stirbt der Versicherte vorzeitig, wird die gesamte Summe an die Hinterbliebenen ausgezahlt. Die LV sind wichtige Kapitalsammelstellen. 1992 konnten sie Einnahmen in Höhe von 70 Mrd. verbuchen, denen Ausgaben von 40 Mrd. gegenüberstanden.

- **Die private Unfallversicherung (UV)**
  Sie dient der Versicherung von Unfällen im privaten Bereich, für die die gesetzliche Versicherung keinen Schutz gewährt (Urlaub, Sport, Haushalt etc.). Sie übernimmt bei einem Unfall die Kosten für die ärztliche Behandlung, zahlt Tagegeld und eventuell eine Invaliditätsentschädigung. Selbstständige, die nicht in der gesetzlichen UV versichert sind (Anwälte, Ärzte), haben i.d.R. eine private Unfallversicherung.

■ **Sachversicherungen**

● **Die Kraftfahrzeughaftpflichtversicherung**
Jeder, der ein Kraftfahrzeug (Auto, Motorrad) besitzt und es fahren will, muß eine Kfz-Haftpflichtversicherung abschließen. Sie dient dazu, Personen-, Sach- und Vermögensschäden, die einem anderen im Straßenverkehr zugefügt werden, bis zu einer vereinbarten Höhe abzudecken.

■ **Vermögensversicherungen**

● **Private Haftpflichtversicherungen**
Sie dienen dazu, Schäden, die der Versicherungsnehmer Dritten zufügt, abzudecken. Die Versicherungssumme wird vereinbart. Man unterscheidet: *Privathaftpflicht* (Schäden, die ein Kind anrichtet, sind versichert), *Berufshaftpflicht* (z.B. Fehler eines Arztes), *Gebäudehaftpflicht* (Sturz auf schadhafter Treppe), *Tierhaftpflicht* (Hund beißt Briefträger) und die *Betriebshaftpflicht* für Schäden, die Beschäftigte in Ausübung ihrer Tätigkeit Dritten zufügen (Fernsehmechaniker stößt chinesische Vase um).

● **Rechtsschutzversicherungen**
Sie dienen dazu, eigene Ansprüche durchzusetzen und fremde Ansprüche abzuwehren, indem sie Gerichts- und Anwaltskosten übernehmen. Ihre wichtigsten Bereiche sind der *Firmen-* oder *Berufs-Rechtsschutz*, der *Verkehrs-Rechtsschutz* und der *Familien-Rechtsschutz*.

● **Die Kreditversicherung**
Unternehmen können sich durch eine Kreditversicherung gegen *Forderungsverluste im Geschäftsverkehr* versichern. Der Versicherer trägt dann einen Teil der Forderungsausfälle. Im Außenhandel übernimmt die Bundesrepublik Deutschland gegen ein Entgelt und auf Antrag Ausfuhrgarantien und -bürgschaften (z.B. Hermes Kreditversicherungs AG).

3. Abgaben und Steuern

(Bearbeitung: Hannelore Hirn)

In einem entwickelten Industriestaat erwarten Unternehmen und Bürger, dass der Staat bestimmte Leistungen (Straßen, Schulen, Gesundheitswesen, Verteidigung etc.) bereitstellt. Zur Finanzierung dieser infrastrukturellen Maßnahmen muss der Staat über Einnahmen verfügen. Es gibt daher eine Vielzahl unterschiedlicher Abgaben (Steuern, Gebühren), die ein Staatsbürger zu entrichten hat. Die aufkommensstärkste und deshalb wichtigste Abgabe ist die Steuer.

Bei der Gestaltung des Steuersystems hat der Staat darauf zu achten, daß *Steuergerechtigkeit* unter dem Gesichtspunkt der Leistungsfähigkeit (progressiver Tarif der Einkommensteuer) gewahrt wird. Auch sollte das Steuersystem *Wachstumsanreize* für die Wirtschaft und *Leistungsanreize* für die Bürger enthalten. Das bedeutet, wenn der Einkommensteuersatz für einen Einkommensbezieher zu hoch ist, „lohnt" es sich unter Umständen nicht, durch Mehrarbeit sein Einkommen aufzubessern (z.B. bleiben von jeder mehr „verdienten" Mark nach Abzug der Steuern nur 0,47 DM übrig).

Auf die Unternehmen bezogen heißt das: Sind die Unternehmensteuern zu hoch, überlegen sich die Unternehmer, ihr Kapital nicht ins Unternehmen zu investieren, sondern andere, alternative Anlagemöglichkeiten zu suchen.

Lernziel: Die Notwendigkeit von Steuern erkennen und die wichtigsten Einzelsteuern in Deutschland nennen können.

Das Steuersystem in Deutschland setzt sich aus einer Vielzahl von Einzelsteuern zusammen und ist deshalb sehr kompliziert. Grundsätzlich wird unterschieden zwischen **direkten Steuern**, die beim Bürger direkt erhoben werden und von ihm entrichtet werden (sie sind in Höhe und Betrag erkennbar wie z.B. die Lohn- und Einkommensteuer und die Versicherungsteuer) und den **indirekten Steuern** (spezielle Verbrauchsteuern wie Mehrwert-, Mineralöl- und Tabaksteuer). Der Steueranteil ist hier im Verkaufspreis enthalten; deshalb „indirekt".

Der deutsche Staat bezog 1992 ca. 68% seiner gesamten Einnahmen aus Steuergeldern. Der Staatsbegriff bezieht sich hierbei auf alle Ebenen der föderativen Bundesrepublik. Neben der Bundesregierung können nämlich auch Länder und Gemeinden Steuern erheben. Sie erhalten zusätzlich Zuweisungen vom Bund aus dem allgemeinen Steueraufkommen.

■ **Die wichtigsten Einzelsteuern in der Bundesrepublik Deutschland**

- **Einkommensteuer**
  Die aufkommensstärkste Einzelsteuer ist die **Einkommensteuer (ESt)** mit ihren **Gliedsteuern**: der **Lohnsteuer** (für Arbeitnehmer unter einem bestimmten Jahreseinkommen), der **veranlagten ESt** (für Arbeitnehmer, die ein bestimmtes Jahreseinkommen überschreiten), der **nicht veran-**

lagten ESt vom Ertrag (Anwälte, Ärzte) und der **Körperschaftsteuer** für Unternehmen. Sie ist eine *Gemeinschaftssteuer,* d.h. dass Bund, Länder und Gemeinden aus ihrem Aufkommen versorgt werden. Im Jahr 1996 betrugen die Einnahmen aus den Gemeinschaftssteuern 603,7 Mrd. DM, wobei die Lohnsteuer mit 294,6 Mrd. DM am wichtigsten war.
Zusätzlich zur Einkommensteuer haben die Deutschen einen „Solidaritätszuschlag" als Beitrag für die Kosten der Wiedervereinigung zu entrichten. Er wurde erstmals 1991 bis 1992 eingeführt, dann aus politischen Gründen wieder abgeschafft. Seit Januar 1995 ist er wieder zu entrichten. Er beträgt derzeit 7,5% der ermittelten Lohn- und Körperschaftsteuer und erwirtschaftete 1996 einen Betrag von 26,1 Mrd. DM.

- **Umsatzsteuer**
  Die Umsatz- oder Mehrwertsteuer erfasst jede einzelne Ware und Dienstleistung, die in Deutschland verkauft wird. Sie wird auch auf andere Steuern erhoben wie etwa die Mineralöl- und die Tabaksteuer („Steuer von der Steuer").
  Der Mehrwertsteuersatz beträgt derzeit 16%. Für bestimmte Güter wie Zeitschriften und Bücher, Lebensmittel und andere Güter des lebensnotwendigen Bedarfs gibt es einen ermäßigten Steuersatz von 7%. Die Umsatzsteuer erbringt im Schnitt etwa ein Viertel des gesamten Steueraufkommens.

- **Mineralölsteuer**
  Die drittstärkste Steuer hinsichtlich ihres Aufkommens ist die Mineralölsteuer. Sie ist eine Bundessteuer und wird auf Kraftstoffe (Diesel, Benzin) von Kraftfahrzeugen erhoben. Sie ist die einzige Steuer, die für einen bestimmten Zweck (Straßenbau) erhoben wird. Sie brachte im Jahr 1996 68,2 Mrd. DM ein.

- **Die Gewerbesteuer**
  Die Gewerbesteuer ist eine kommunale Steuer und wird auf den Ertrag von Gewerbebetrieben erhoben. Sie erwirtschaftete 1996 einen Betrag von 42,2 Mrd DM. Die Kommunen sind bei der Wahl der Höhe des Steuersatzes völlig frei und haben damit die Möglichkeit, über niedrige Steuersätze *Standortpolitik* zu betreiben (Unternehmen werden motiviert, sich auf dem Gebiet der Gemeinde anzusiedeln).

- **Die Tabaksteuer**
  Die fünftstärkste Steuer hinsichtlich ihres Aufkommens ist die Tabaksteuer. Sie ist der Steueranteil, der in Tabak, Zigarren und Zigaretten enthalten ist. Im Jahre 1996 erwirtschaftete sie 20,7 Mrd. DM oder 4% des gesamten Steueraufkommens.

Neben diesen fünf aufkommensstärksten Steuern gibt es eine Vielzahl sogenannter *kleiner* oder *Bagatellsteuern,* auf die an dieser Stelle nicht eingegangen werden kann. Auch steht in Deutschland eine Steuerreform an, bei der sowohl Änderungen im Einkommensteuertarif als auch der Wegfall (vor allem im Hinblick auf die Angleichung der Steuersysteme innerhalb der EU) einzelner Steuern zu erwarten sind.

4. Innerbetriebliche Organisationsformen

(Bearbeitung: Hannelore Hirn)

Die Tätigkeit des Organisierens wird überall dort notwendig, wo Aufgaben, die **im Hinblick auf ein gemeinsames Ziel** (Betriebszweck) anfallen, **arbeitsteilig** erledigt werden können. Dazu muss zunächst eine **Aufgabenanalyse** durchgeführt werden (Zerlegen der Gesamtaufgabe in die vielen anfallenden Teilaufgaben), um im nächsten Schritt über die Zusammenfassung der verschiedenen Teilaufgaben zu Stellen, Hauptabteilungen und Abteilungen eine **Aufgabensynthese** vornehmen zu können.

Lernziel: Die **Notwendigkeit** der Unternehmensorganisation verstehen. **Aufbau-, Ablauf- und Informationsorganisation** unterscheiden können. Diverse **Formen der Aufbauorganisation** beschreiben und Unterschiede erklären können.

In der Betriebswirtschaft wird zwischen **Aufbau-** und **Ablauforganisation** unterschieden, neuerdings ergänzt um die **Informationsorganisation**, da im Kommunikationszeitalter die Bedeutung von Informationen und die Schnelligkeit ihrer Verwendung eine immer größere Rolle spielen.

Die **Aufbauorganisation** ist das „Skelett" der Unternehmung. Sie ist das Ergebnis der Aufgabensynthese und bezeichnet die **Stellen** (kleinste organisatorische Einheit), an denen Aufgaben ausgeführt werden, und die Stellen, an denen Leitungsaufgaben wahrgenommen und Entscheidungen getroffen werden (**Instanzen** = Hauptabteilungen und Abteilungen). Die Aufbauorganisation legt also die Hierarchie im Unternehmen fest.

Die **Ablauforganisation** bezieht sich auf die Regelung der Arbeitsabläufe innerhalb der Aufbauorganisation. Sie ergänzt die Aufbauorganisation in Form von Dienst- und Arbeitsanweisungen. Dabei werden folgende Fragen wichtig:

- **Wann**? In welcher **zeitlichen Reihenfolge** sollen die Arbeitsabläufe stattfinden und welche Arbeitsabläufe können **parallel** erledigt werden?
- **Wo**? An welchen **Orten** soll etwas gemacht werden, um Transport- und Wartezeiten zu minimieren?
- **Womit**? Mit welchen **Arbeitsmitteln** soll gearbeitet werden (z.B. Fließband, Maschinen, Schreibtische)?

Bei der **Informationsorganisation** treten folgende Aspekte in den Vordergrund:

- Die **Informationswege – wie** sollen die Informationen im Unternehmen ausgetauscht werden (z.B. persönliches Gespräch, Telefon, Aktennotiz)?
- Die Wahl der **Mittel**, die jeweils erforderlich sind.
- Der **Personenkreis – wem** sollen/müssen welche Informationen jeweils zugänglich sein und wie kann das praktisch gehandhabt werden (z.B. Computercode)?

■ Arten der Aufbauorganisation

Jedes Unternehmen hat die Wahl zwischen verschiedenen Leitungssystemen, abhängig von der Art des Unternehmens (Groß-, Klein-, Mittelunternehmen, Betriebszweck) und den Leitungsvorstellungen des Firmeninhabers bzw. des Managements.

Das Linien-System

Das **Ein-Linien-System** zeichnet sich durch einen klaren Entscheidungsaufbau aus. Alle Mitarbeiter sind eindeutig einer Instanz untergeordnet. Der Befehlsweg verläuft klar von oben nach unten. Keine Instanz darf übergangen werden. Umgekehrt verläuft der Informationsweg: Jeder Mitarbeiter informiert seinen Vorgesetzten, dieser gibt die Informationen wiederum an seinen Vorgesetzten weiter etc. Das System hat den *Vorteil*, dass

- die **Leitungsbefugnisse** einfach, klar und überschaubar sind,
- die **Kompetenzbereiche** eindeutig abgegrenzt sind,
- die **Kontrolle** erleichtert wird.

Es hat allerdings den *Nachteil*, dass

- die **Organisation schwerfällig** ist durch die langen Dienstwege, die die Anordnungen und Informationen nehmen, und
- die **oberste Führungsebene überlastet** wird, und folglich
- die **Gefahr von Fehlentscheidungen** durch die Vielzahl der zu verarbeitenden Informationen entsteht.

Die Abteilungsbildung in Unternehmen mit Linien-System wird wie folgt vorgenommen: Alle *gleichartigen Aufgaben (Funktionen)* wie Einkauf, Verwaltung, Verkauf werden zu Hauptabteilungen und Abteilungen zusammengefasst. Das Unternehmen ist **funktional gegliedert** oder nach dem **Funktionsprinzip**. Die funktionale Organisation ist am weitesten verbreitet in Deutschland. Man findet sie beispielsweise bei der Volkswagen AG und der Ruhrgas AG.

Um den Instanzenweg zu verkürzen, arbeiten einige Unternehmen nach dem **Mehrliniensystem**. Jede vorgesetzte Instanz kann auch Weisungen an Mitarbeiter anderer Abteilungen geben. Das ist allerdings mit dem Nachteil verbunden, dass die Kompetenzen unklar abgegrenzt sind und es dadurch zu Überschneidungen kommt (z.B. eine Sekretärin arbeitet für mehrere Vorgesetzte).

Das Stab-Linien-System

Um den Nachteilen des Linien-Systems, vor allem der Überlastung des Top-Managements zu begegnen, wurde das Stab-Linien-System entwickelt. Den Instanzen werden **Stäbe** zur Verfügung gestellt, die Informationen sammeln, die Entscheidungen der Instanzen vorbereiten und deren Durchführung kontrollieren. Stäbe sind **Zentralbereiche,** die auf jeder Instanzenebene angesiedelt werden können. Sie haben keine Weisungsbefugnis in der Linie (z.B. Rechtsabteilung, Datenverarbeitung, Direktionsassistent etc.)

Eine Schwäche dieser Organisationsform ist, dass die Stäbe aufgrund ihrer Fachkenntnisse oft mehr Macht entwickeln, als im Organisationsplan vorgesehen ist. Auch werden Stabsmitarbeiter oft unzufrieden, weil sie keine Weisungsbefugnisse haben.

Divisionale (Sparten-) Organisation

Großbetriebe mit einer Vielzahl unterschiedlicher Produkte werden häufig in unterschiedliche Bereiche aufgeteilt. Alle Maßnahmen, die für den Erfolg eines Produkts oder einer Produktgruppe erforderlich sind, werden in Sparten/Divisionen zusammengefasst (**Objektgliederung**). Sie arbeiten selbstständig als „profit centers", d.h. Leistung und Erfolg jeder Sparte werden getrennt ermittelt. Sie befinden sich jedoch unter einer gemeinsamen Leitung. Die Siemens AG und die Bayer AG arbeiten beispielsweise nach diesem Prinzip.

Die *Vorteile* gegenüber dem Linien-System sind:

- eine **höhere Flexibilität**, dem Markt angepasste Entscheidungen zu treffen;
- ein **hohes Verantwortungsgefühl** der Sparten durch selbstständiges Arbeiten;
- **Entlastung** der Unternehmensleitung.

Nachteile sind:

- Es findet eine **geringe Kommunikation** zwischen den Sparten statt.
- Durch die Autonomie besteht die **Gefahr einer uneinheitlichen Unternehmenspolitik.**
- Die **Zentralbereiche sind nicht integriert**. Sie stehen wie Stäbe außerhalb der Linie.

Matrixorganisation

Die betriebliche Gesamtaufgabe wird nach **Tätigkeiten und Projekten/Objekten** gegliedert. Für bestimmte, im Allgemeinen zeitlich begrenzte Projekte, werden Mitarbeiter aus ihren Funktionsbereichen herausgezogen. Sie arbeiten in einem Team an der Verwirklichung eines bestimmten Projektes. Man findet das häufig in der Investitionsgüterindustrie bei der Verwirklichung von Großprojekten (Kraftwerkbau, Staudammbau). Aber auch die Hoechst AG hat ihr Unternehmen von der funktionalen in die Matrixorganisation umgewandelt.

Eindeutig kann bei dieser Organisationsform das **Fachwissen** besser genutzt werden als bei der Spartenorganisation. Auch die betriebliche **Kommunikation** und **Information** sind besser. Das **kreative Denken** im Team verstärkt die Innovationen und die **Zentralbereiche** sind in die Organisation **integriert**. Allerdings ist der **Kommunikationsbedarf erheblich** und der **Zwang zur Teamarbeit** kann Konflikte mit sich bringen.

Lean Production (L.P.) / Lean Management (L.M.)

Innerbetriebliche Organisation lässt sich seit Beginn der 90er Jahre nicht ohne einen Blick auf L.P. bzw. L.M. erörtern. Der Begriff „lean production" stammt aus einer Studie des MIT (Massachusetts Institute of Technology), in der festgestellt wurde, dass die japanischen Autowerke über eine höhere Produktivität bei gleichzeitig besserer Qualität ihrer Produkte verfügen als ihre europäischen und amerikanischen Konkurrenten. Auch die Zahl der Verbesserungsvorschläge pro Mitarbeiter ist erheblich höher. Die Forscher führten das hauptsächlich auf die in Japan vorherrschende **Teamarbeit** zurück. Durch das selbstständige Arbeiten der Teams sind auch erheblich **weniger Hierarchieebenen** erforderlich als in den westlichen Industrieländern.

Die Studie rüttelte die gesamte westliche Industriewelt auf. In Deutschland versuchen seither viele Unternehmen und auch der Staat, ihre Produktion zu „verschlanken". Dabei sind nicht nur Mitarbeiter, die mit ausführenden Tätigkeiten beschäftigt sind, vom „Verschlankungsprozess" betroffen. Erstmals fielen auch viele Beschäftigte des mittleren Managements der Verschlankungsideologie zum Opfer. So baute beispielsweise die Daimler Benz AG zwei Hierarchieebenen ab.

Quellenverzeichnis

Allgemeine Literatur

Ashauer, Günter. *Grundwissen Wirtschaft.* Stuttgart: Klett, 1990. ISBN 3-12-140420-2.

Ashauer, Günter. *Grundwissen Wirtschaft. Übungen und Lösungen.* Stuttgart: Klett, 1992. ISBN 3-12-140425-3.

Braun, Christine; W. Brüggemann; W. Weermann. *Wirtschaft – auf deutsch. Handbuch für den Unterricht.* München: Klett, 1992. ISBN3-12-675216-0.

Buhlmann, Rosemarie; Anneliese Fearns; Eric Leimbacher. *Wirtschaftsdeutsch von A-Z. Lehr- und Arbeitsbuch.* Berlin: Langenscheidt, 1995. ISBN 3-468-49849-7.

Butzphal, Gerlinde; Colin Riordan. *Studium Wirtschaftsdeutsch.* Frankfurt/M.: Diesterweg, 1991. ISBN 3-425-0599-5.

Digel, Werner (Hrsg.); bearb. v. Manfred Streit. *Wie funktioniert das? Die Wirtschaft heute.* Mannheim: Bibliographisches Institut, 1984. ISBN 3-411-02377-5.

Fritsch, Ulrich und Karl Knappe. *Wirtschaft auf einen Blick.* Köln: Bank-Verlag, 1996.

Gabler Wirtschafts-Lexikon. Wiesbaden: Gabler, 1988. 6 Bände. ISBN 3-409-30384-7.

Gönner, Kurt und Siegfried Lind. *Unsere Wirtschaft. Volks- und Betriebswirtschaftslehre mit Schriftverkehr und Organisationslehre.* Bad Homburg v.d.H.: Gehlen, 1991. ISBN3-441-30040-8.

Mühlbradt, Frank W. *Wirtschaftslexikon. Kompaktwissen für Schule, Ausbildung, Beruf.* Frankfurt/M.: Cornelson Scriptor, 1992. ISBN 3-589-20935-6.

Nicolas, Gerd; M. Sprenger; W. Weermann. *Wirtschaft – auf deutsch.* München: Klett, 1991. ISBN 3-12-675215-2

Schneider, Peter J.; Manfred Zindel und Roland Lötzerich. *Betriebswirtschaftslehre für Industriekaufleute.* Darmstadt: Winklers Verlag, 1987. ISBN 3-8045-4047-3.

Schüler Duden. Die Wirtschaft. Ein Sachlexikon für die Schule. Mannheim, Leipzig, Wien, Zürich: Dudenverlag, 1992. ISBN 3-411-04892-1.

Stahl, Michael. *Wirtschaftslexikon. Stichworte zur sozialen Marktwirtschaft.* Köln: Deutscher Instituts-Verlag, 1991. ISBN 3-602-14297-3.

Tatsachen über Deutschland. Frankfurt/M.: Societäts-Verlag, 1996. ISBN 3-7973-0629-6.

Made in Germany: Videounterrichtseinheiten zur Vorbereitung auf die Prüfung Wirtschaftsdeutsch International. München: Goethe-Institut, 1996.
Materialienheft ISBN 3-930220-29-6. Videokassette Best-Nr. 419603 VP/N/S.

Zahlen zur wirtschaftlichen Entwicklung der Bundesrepublik Deutschland. Köln: Deutscher Instituts-Verlag GmbH, 1992. ISBN 3-602-14321-X.

Hinweise zur Beschaffung zusätzlicher Informationen: Literatur, Adressen, Webseiten

Allgemein: Webseiten

Kommentierte Webliographie Wirtschaftsdeutsch (KWW)
http://www.wirtschaftsdeutsch.de/webliographie/

Wirtschaftswörterbücher
Deutsch-Englisch, Englisch-Deutsch
http://qsilver.queensu.ca/german/business/dictionary/
Deutsch-Deutsch
http://www.gabler-online.de/
http://www.tufts.edu/~bmartin/woeter1.html#e

DINO-Gesamtindex (nach Themen geordnete deutschsprachige Net-Seiten)
http://www.dino-online.de/goig.htm
Statistisches Bundesamt
http://www.statistik-bund.de/basis/bd_ueber.htm
Bundesregierung Deutschland
http://www.bundesregierung.de/
Bundeswirtschaftsministerium Deutschland
http://www.bmwi.de/
Fakten über Österreich
http://www.bmaa.gv.at/oesterreich/oesterreichindex.html.de
Bundesministerium für wirtschaftliche Angelegenheiten, Österreich
http://www.bmwa.gv.at/
Wirtschaftskammer Österreich
htttp://www.wk.or.at/

Wirtschaftsthematisch relevante Presseorgane

Frankfurter Allgemeine Zeitung	http://www.faz.de/
Süddeutsche Zeitung	http://www.sueddeutsche.de/
Die Welt	http://www.welt.de/
Die Zeit	http://www.zeit.de/
Handelsblatt	http://www.handelsblatt.de/
Bilanz (Schweiz)	http://www.bilanz.ch/
DM	http://www.dm-online.de/
Focus	http://www.focus.de/
Der Spiegel	http://www.spiegel.de/
Wirtschaftswoche	http://www.wiwo.de/
Capital, Manager, Impulse	http://www.business-channel.de/bch/

A. Kernbereich

1. Wirtschaftssysteme

Lippens, Walter. *Im Kreislauf der Wirtschaft. Einführung in die Volkswirtschaftslehre.* Köln: Bank-Verlag, 1995. S. 147–178.

2. Sozialversicherung

Webseiten

Soziale Sicherheit	http://www.statistik-bund.de/basis/d/bd08.htm
Sozialversicherung	http://www.erziehung.uni-giessen.de/studis/Robert/Inh_ver.html#start

3. Wirtschaftsindikatoren

Adressen

Institut der deutschen Wirtschaft e.V.
Gustav-Heinemann-Ufer 84–88
D 50968 Köln
Tel. (0221) 3708-361

Deutscher Instituts-Verlag GmbH
Gustav-Heinemann-Ufer 84–88
D 50968 Köln
Tel. (0221) 3708-341

Webseiten
Internationale Wirtschaftsforschungsinstitute
http://www.europages.com/statistics-de.html
(Mit Links zu branchenspezifischen Wirtschaftsindikatoren, Statistischen Ämtern der einzelnen Länder, etc.)

Wirtschaftsforschungsinstitute im deutschsprachigen Raum
DIW - Deutsches Institut für Wirtschaftsforschung
Königin-Luise-Str. 5
D 14195 Berlin
Postanschrift: 14191 Berlin Tel. (030) 8 97 89-0 Telefax (030) 8 97 89-200
http://www.diw-berlin.de/

HWWA - Institut für Wirtschaftsforschung - Hamburg
Neuer Jungfernstieg 21
D 20347 Hamburg Tel. (040) 35 62-0 Telefax (040) 35 19-00 und 35
http://www.hwwa.uni-hamburg.de/

ifo Institut für Wirtschaftsforschung e.V.
Poschingerstr.5
D 81679 München Tel. (089) 92 24-0 Telefax (089) 98 53 69
http://www.ifo.de/

IfW -Institut für Weltwirtschaft - Kiel
Düsternbrooker Weg 120
D 24105 Kiel Tel. (0431) 8814-1
http://www.uni-kiel.de:8080/IfW/home.htm

IWH - Institut für Wirtschaftsforschung Halle
Delitzscher Str. 118
D 06116 Halle (Saale)
Postanschrift: Postfach 16 02 07 06038 Halle (Saale)
Tel. (0345) 7753-60 Telefax (0345) 7753-820
http://www.iwh.uni-halle.de/first.htm

RWI - Rheinisch-Westfälisches Institut für Wirtschaftsforschung e.V.
Hohenzollernstr. 1-3
D 45128 Essen
http://www.rwi-essen.de/

WIFO - Österreichisches Institut für Wirtschaftsforschung
Arsenal, Objekt 20
A 1103 Wien
Postanschrift: Postfach 91
Tel. (43 1) 798 26 01-0 Telefax (43 1) 798 93 86
http://www.wifo.wsr.ac.at/

ZEW - Zentrum für Europäische Wirtschaftsforschung GmbH
Postfach 103443
D 68034 Mannheim
http://www.zew.de/

4. Marketing

Hindle, Tim und Michael Thomas. *Marketing. Erfolgreich werben und verkaufen von A bis Z.* A.d. Englischen von Heike Grimm. München: dtv, 1994. ISBN 3-423-36403-3.

Irgel, Lutz (Hrsg.). *Praktisches Kaufmannswissen. Für alle kaufmännischen Bereiche.* Augsburg: Weltbild Verlag, 1991. Band 2, S. 47-130.

Pepels, Werner. *Lexikon des Marketing. Über 2500 grundlegende und aktuelle Begriffe fürStudium und Beruf.* Frankfurt/M.: dtv (Beck-Wirtschaftsberater), 1996. ISBN 3-423-05884-6.

Adressen

AUMA (= **A**usstellungs- **u**nd **M**esse-**A**usschuss der Deutschen Wirtschaft e.V.)
Lindenstr. 8
50674 Köln
Tel. 02 21/ 2 0907-0 Fax 02 21/ 2 0907-12
Veröffentlicht jeden Herbst eine Broschüre über sämtliche Messen in Deutschland, *Trade Fairs in Germany. Facts, Dates, Keywords.*

Messe Frankfurt GmbH
Ludwig-Erhard-Anlage 1
60327 Frankfurt/Main
Tel. 069/ 7575-0 Fax 069/7575-6433

Deutsche Messe AG
Messegelände
30521 Hannover
Tel. 051/ 890 Fax 051/ 8932626

Messe- und Ausstellungs-Ges.m.b.H. Köln
Messeplatz 1
50679 Köln
Tel. 0221/ 821-0 Fax 0221/821 2574

Düsseldorfer Messegesellschaft mbH - NOWEA
Stockumer Kirchstr. 61
40474 Düsseldorf
Tel. 0211/ 4560-1 Fax 0211/ 4560-668

Leipziger Messe GmbH
Messe-Allee 1
04356 Leipzig
Tel. 0341/ 6780 Fax 0341/ 678-8762

Messe München GmbH
Messegelände
80325 München
Tel. 089/ 5107 Fax 089/5107-506

Nürnberger Messe GmbH.
Messezentrum
90471 Nürnberg
Tel. 0911/ 8606-0 Fax 0911/ 8606-228

Offenbacher Messe-Ges. mbH.
Kaiserstr. 108-112
63065 Offenbach/Main
Tel. 069/ 829755-0 Fax 069/829755-60

Webseiten

Marketing-Index	http://www.gwdg.de/~uwmh/silberer/index1.htm
Messen in Deutschland	http://www.ono.de/messetip/index.htm
	http://www.getnet.de/messen/messen.htm
Messe Hannover	http://www.hannovermesse.de/
Frankfurt	http://www.messefrankfurt.de/
Köln	http://www.koelnmesse.de/
Düsseldorf	http://www.messe-duesseldorf.de/
Leipzig	http://www.leipziger-messe.de/
München	http://www.messe-muenchen.de/
Nürnberg	http://www.nuernbergermesse.de/
Offenbach	http://www.messe-offenbach.de/

5. Banken-, Börsenwesen, Währungssysteme

Hielscher, Udo. *Fischer Börsenlexikon.* Frankfurt/M.: Fischer Taschenbuch Verlag, 1992. ISBN 3-596-10389.
Arndt, Franz Joseph et al. *Das Bank- und Börsen-ABC.* Köln: Bank-Verlag, 1995.

Adressen
Bank-Verlag
Melatengürtel 113-115
D 50825 Köln

Deutscher Sparkassen- und Giroverband
Simrockstr. 4
D 53113 Bonn

Webseiten

Banken, Bausparkassen, Versicherungen	http://www.statistik-bund.de/basis/d/bd22.htm
Deutsche Bundesbank	http://www.bundesbank.de/
Bundesverband deutscher Banken	http://www.bdb.de/
Bundesverband öffentlicher Banken	http://www.voeb.de/
Deutsche Bank	http://www.deutsche-bank.de/
Commerzbank	http://www.commerzbank.de/
Dresdner Bank	http://www.dresdner-bank.de/

Bankgesellschaft Berlin	http://www.bankgesellschaft.de/
Westdeutsche Landesbank	http://www.westlb.de/
HypoVereinsbank	http://www.hypovereinsbank.de/
Sparkassenverband Bayern	http://www.sparkassen.de/
DG Bank (Dt. Genossenschaftsb.)	http://www.dgbank.de/
Raiffeisen Verband	http://www.raiffeisen.de/
Deutsche Börse AG	http://www.exchange.de/
DAX, DAX100, etc.	http://www.ip.exchange.de/
Bank Austria	http://www.bankaustria.com/
Euro Banknoten und Münzen	http://www.westlb.de/euro/

6. Wirtschaftsgeographie

Bubner, Friedrich. *Transparente Landeskunde*. Überarb. und. erweitert v. Helga Seel. Bonn: Inter Nationes, 6. Aufl. 1991. (Texte und Folien).

Folienatlas. Stuttgart: Klett, 1991. ISBN 3-12-487201-0.

Kleine Deutschandkunde. Ein erdkundlicher Überblick. Stuttgart: Klett, 2. Aufl. 1992. ISBN 3-12-487200-2.

Sauer, Fritz Joachim (Hrsg.). *Neue Dreiländerkunde – Deutschland, Österreich, Schweiz (mit Liechtenstein)*, 2. aktualisierte und bearb. Auflage. Berlin: Inform Verlag, 1994.

Sledacek, Peter. *Wirtschaftsgeographie. Eine Einführung*. Darmstadt: Wissenschaftliche Buchgesellschaft, 2. unver. Aufl. 1994. ISBN 3-534-09409-3.

Zeitschrift für Wirtschaftsgeographie, Hagen, Westf.: Pick-Verlag, 1957ff.

Webseiten

Transparente Landeskunde (Inter Nationes)
http://web.UVic.CA/german/261/trans.html
http://castle.uvic.ca/german/261/

7. Europäische Union

„Konvergenzkriterien", *Deutschland. Zeitschrift für Politik, Kultur, Wirtschaft und Wissenschaft,* Nr. 1, Feb. 1996, S. 12f.

Sechs-Neun-Zehn-Zwölf. Europas schwieriger Weg zur Einigung. Köln: Verlag deutsche Jugendbücherei, (3. Aufl.) 1986.

Scala, EG-Spezial, Nr. 1, 1993.

Webseiten

http://europa.eu.int/

B. Erweiterter Bereich

1. Unternehmensformen und -zusammenschlüsse

Digel, Werner (Hrsg.), bearb. v. Manfred B. Streit. *Wie funktioniert das? Die Wirtschaft heute.* Mannheim: Bibliographisches Institut, 1984. ISBN 3-411-02377-5.

Seidel, H. und R. Temmen. *Grundlagen der Volkswirtschaftslehre.* Bad Homburg v.d.H.: Gehlen, 1991. ISBN 3-441-00194-X.

Webseite
Handels- und Gesellschaftsrecht
Übersicht mit Links zum Recht der GbR, OHG, KG, GmbH
http://www.kanzlei.de/

2. Tarifparteien, Betriebsrat

Webseiten

Tarifpartner (Grafik)	http://castle.uvic.ca/german/261/trans20.html
Gewerkschaften	http://www.dgb.de/k/gewerkschaften.htm
Deutscher Gewerkschaftsbund	http://www.dgb.de/
IG Bauen-Agrar-Umwelt	http://www.igbau.de/
IG Bergbau, Chemie, Energie	http://www.igbc.de/
Gewerkschaft der Eisenbahner (GdED)	http://www.gded.de/
Gewerkschaft Erziehung und Wissenschaft (GEW)	http://www.gew.de/
Gewerkschaft Handel, Banken, und Versicherungen (HBV)	http://www.hbv.org/
Gewerkschaft Holz u. Kunststoff (GHK)	http://www.ghk.de/
IG Medien	http://www.igmedien.de/
IG Metall	http://www.igmetall.de/
Gewerkschaft Nahrung-Genuss-Gaststätten	http://www.gewerkschaft-ngg.de/
Gewerkschaft Öffentliche Dienste, Transport und Verkehr (ÖTV)	http://www.oetv.de/
Gewerkschaft der Polizei (GdP)	http://www.gdp.org/
Deutsche Postgewerkschaft (DPG)	http://www.dpg-hv.de/
Bundesinstitut für Berufsbildung	http://www.bibb.de/
Christlicher Gewerkschaftsbund (CGB)	http://www.dhv-cgb.de/cgb.home.htm
Österreichischer Gewerkschaftsbund (ÖGB)	http://www.oegb.or.at/
Die 14 Gewerkschaften im ÖGB	http://www.oegb.or.at/gews/index.htm
Schweizer Gewerkschaften	http://apache.ethz.ch/VPOD/d/gew_adr.htm
Europäischer Gewerkschaftsbund	http://www.etuc.org/

3. Nationale und internationale Organisationen

Webseiten

AHK	http://www.ihk.de/ahk/ahk004.htm
APEC	http://www.apecsec.org.sg/
ASEAN	http://www.aseanet.com/
DBB	http://www.dbb.de/
DGB	http://www.dgb.de/
DIHT	Adenauerallee 148 D 53113 Bonn Postfach 1446 D 53004 Bonn Tel. (0228) 104-0 Fax (0228) 104-158 http://www.ihk.de/dihthome.htm
EFTA	http://www.efta.int/
EU	http://europa.eu.int/index.htm
IBRD	http://www.worldbank.org/html/extdr/backgrd/ibrd/ibrd.htm
IDA	http://www.worldbank.org/html/extdr/ida/
IFC	http://www.ifc.org/
IHK	http://www.ihk.de/
IWF/IMF	http://www.imf.org
Mercosur	http://www.mercosur.org/
MIGA	http://www.miga.org/
NAFTA	http://www.nafta-sec-alena.org/
OECD	http://www.oecd.org/
Weltbank	http://www.worldbank.org/ Mit Links zu IMF, IDA, IFC, MIGA
WTO (engl.)	http://wto.org/

Weitere Organisationen:

G 7	http://www.g7.utoronto.ca
UN	http://www.unsystem.org/index5.html

C. Fakultativer Bereich

1. Kommunikationswesen

Deutschland, Zeitschrift für Politik, Kultur, Wirtschaft und Wissenschaft, Nr. 4, August 1996.
Berger, Roland. „Die Revolution am Arbeitsmarkt: Telearbeit, Teamwork und das mobile Büro," S. 8–11.
Järisch, Burkhard und Harald Preissler. „Internet. Auf dem Weg zum Data-Dollar-Highway?", S. 44–49.

Focus, Das moderne Nachrichtenmagazin, Nr. 35, 26. August 1996 u. folgende Nummern: Serie: „Das ABC des Internet".

PZ, Nr. 88, Dezember 1996. Titel: „Schöne neue Medienwelt. Internet. Cyberspace. Datenautobahn". (Von der Bundeszentrale für politische Bildung hrsg. Zeitschrift) Bestellung über http://www.universum.de/

Irlbek, Thomas. *Computer-Englisch. Die Fachbegriffe Englisch-Deutsch und Deutsch-Englisch übersetzt und erläutert.* München: dtv, 1992. ISBN 3-423-50303-3.

Webseiten

Deutsche Post	http://www.postag.de/
Deutsche Telekom	http://www.DTAG.DE/
Medien im Internet	http://www.ipn-b.de/~burks/medien.html
„Info 2000: Deutschlands Weg in die Informationsgesellschaft"	http://www.bmwi-info2000.de/gip/fakten/zeitbild/

Medien-Glossare im Internet

Deutsche Telekom AG	http://www.t-lan.de/PRODUKT/index.html
Media Gruppe München	http://www.mguc.de/
BMWI Glossar	http://www.bmwi-info2000.de/gip/fakten/zeitbild/kapitel5.html.#5
Das Netwerker Glossar	http://netwerker.de/glossar/edv.html

2. Versicherungswesen

Webseite

Versicherungen	http://www.versicherungen.de/

3. Abgaben und Steuern

Schemmel, Lothar. *Kursbuch Steuern.* Frankfurt/M.: Fischer Taschenbuch Verlag, 1994. ISBN 3-596-11576-0.

Webseite

Steuern	http://www.statistik-bund.de/basis/d/bd06.htm

4. Innerbetriebliche Organisationsformen

Irgel, Lutz (Hrsg.). *Praktisches Kaufmannswissen. Für alle kaufmännischen Bereiche.* 2 Bände. Augsburg: Weltbild Verlag, 1991. Bd. 1, S. 47–130.

Schneider, Peter J.; Manfred Zindel; Roland Lötzerich. *Betriebswirtschaftslehre der Industrie.* Darmstadt: Winklers, 1987.

Fachwortschatz

Projektleiter: Hans Walter Frischkopf

Vorwort

Die Idee, eine Wortschatzliste für Wirtschaftsdeutsch zusammenzustellen, entstand im Zusammenhang mit der „Prüfung Wirtschaftsdeutsch International" (PWI), genauer gesagt mit dem Prüfungsteil „Fachlexik". Die Erfahrung zeigt, dass dieser Teil vom Didaktischen her gesehen wohl der problematischste ist, und zwar insofern, als PrüfungskandidatInnen sich kaum gezielt darauf vorbereiten können, da es auf der einen Seite keine verbindliche Fachwortschatzliste gibt, auf der der Prüfungsteil „Fachlexik" basiert, auf der andern Seite der für die Prüfung vorausgesetzte Stoffplan so umfangreich ist, dass der entsprechende Wortschatz beinahe unendlich ist. Die hier vorliegende Fachwortschatzliste sollte nun aber nicht missverstanden werden als verbindliche Liste, deren Beherrschung das Bestehen des PWI-Prüfungsteils „Fachlexik" (und der Wortschatzkomponente der andern Prüfungsteile) garantieren würde. Das kann diese Liste nicht sein, weil sie von den Trägern der PWI nicht autorisiert ist; sie könnte aber als Grundlage für eine wünschenswerte autorisierte Fachwortschatzliste dienen. Außerdem ist die vorliegende Liste auch für jene gedacht, die nicht an der PWI interessiert sind.

Die Fachwortschatzliste will kein Fachlexikon sein, dessen Ziel es wäre, Definitionen und Erklärungen zu Fachbegriffen zu geben. Allerdings werden, wo es sich anbietet, bedeutungserläuternde Beispielsätze gegeben. Die Liste will und kann auch kein Glossar sein, da ein solches immer an bestimmte Texte gebunden ist. Um einem möglichst breiten Benutzerkreis zugänglich zu sein, ist die Liste einsprachig. Wenn sie sich bewährt, sind für die Zukunft zweisprachige Versionen nicht ausgeschlossen.

Der vorliegende Fachwortschatz orientiert sich thematisch an den „Curricularen Grundstrukturen", wie sie in diesem Band präsentiert werden. Die einzelnen Kapitel werden in der Regel weiter in Sachbereiche gegliedert. Wo es sich anbietet, werden auch innerhalb solcher Unterkapitel sachliche Zusammenhänge durch entsprechende Anordnung von Wortgruppen oder auch durch Beispielphrasen oder -sätze angedeutet. Die damit zum Ausdruck kommende Idee eines Sachwörterbuchs wird mit der einer Wortschatzliste in fremdsprachendidaktischer Absicht verbunden. Diese enthält u.a. morphologische und syntaktische Angaben zum Genus, Kasus (Gen. Sg.), Numerus (Plural) und zur Rektion. Die Liste ist nicht allein alphabetisch angeordnet, sondern auch nach linguistischen Prinzipien. So werden Wortgruppen wie „arbeiten, Arbeit, Arbeiter, Arbeiterin, arbeitslos, Arbeitslosigkeit, Massenarbeitslosigkeit, Teilzeitarbeit, Regelarbeitszeit, Höchstarbeitszeit usw." als Gruppen erfasst und nach Prinzipien der Wortbildung wie Ableitung oder Zusammensetzung gegliedert. Außerdem werden bei der Anordnung Strukturprinzipien des Wortschatzes angewandt wie Synonyme und Antonyme, aber auch Kollokationen, also typische Verbindungen etwa von Adjektiv und Substantiv (z.B. „leitende Angestellte", „wilder Streik") oder von Substantiv und Verb (z.B.

„eine Tagung abhalten", „einen neuen Markt erschließen"). Die Wörter sind damit sowohl in einem sachlichen als auch in einem sprachlichen Kontext eingebettet, was DaF-LernerInnen die Erweiterung des passiven und des aktiven Wortschatzes wesentlich erleichtert. Die mechanisch-alphabetische Anordnung, die das Auffinden einer lexikalischen Einheit erleichtert, wird ergänzt durch eine dem Lernprozess dienliche Anordnung nach Sinnzusammenhängen. Dem schnellen Auffinden einer lexikalischen Einheit und deren Zuordnung zu einem oder mehreren Sachgebieten dient ferner das Wortregister. Aufgrund dieser Konzeption unterscheidet sich die vorliegende Fachwortschatzliste wesentlich von Fachwörterbüchern, die lediglich isolierte Wörter alphabetisch auflisten.

Die Liste basiert nicht auf einer statistischen Auswertung des Fachwortschatzes Wirtschaftsdeutsch; dafür standen schon die finanziellen Mittel nicht zur Verfügung. Die Liste enthält eine letztlich subjektive Auswahl an sprachlichen Strukturen, wie sie in Texten gängiger Lehrwerke für Wirtschaftsdeutsch vorkommen, die auf die PWI vorbereiten, aber auch im Wirtschaftsteil von Veröffentlichungen wie *Tatsachen über Deutschland*, in Zeitschriften wie *Deutschland – Zeitschrift für Politik, Kultur, Wirtschaft und Wissenschaft* oder ähnlichen Materialien.

Der vorliegende Fachwortschatz richtet sich primär an Fortgeschrittene im DaF-Bereich Wirtschaftsdeutsch, etwa auf der Schwierigkeitsebene, auf der die PWI angesiedelt ist. Er soll jenen, die sich auf Wirtschaftsdeutsch spezialisieren, vor allem im produktiven Bereich des mündlichen und schriftlichen Ausdrucks helfen, ihren Wortschatz zu erweitern. Es werden sprachliche Strukturen zur Verfügung gestellt, die bei der mündlichen und schriftlichen Formulierung nützlich sind. Wie im allgemeinsprachlichen Bereich DaF-Lernende auf dieser Schwierigkeitsstufe sich mit Nutzen zunehmend einsprachiger Wörterbücher bedienen, so hilft ihnen auch beim Erlernen einer Fachsprache eine differenzierte, sachliche und sprachliche Zusammenhänge verdeutlichende Fachwortschatzliste, wie sie hier vorliegt. Ein zweisprachiges Fachwörterbuch wird dabei allerdings immer noch nötig sein.

Der vorliegende Fachwortschatz ist auch für Unterrichtende im Fach Wirtschaftsdeutsch nützlich. Diese können die für ihre Zwecke angemessene Auswahl treffen und den LernerInnen zur Verfügung stellen.

Die Konzeption wurde vom Projektleiter entwickelt und in mehreren Sitzungen des „Arbeitskreises Wirtschaftsdeutsch in Kanada" diskutiert. Den KollegInnen im Arbeitskreis sei für ihre Anregungen ebenso gedankt wie dafür, dass sie zu einzelnen Kapiteln des Kernbereichs Wortschatzlisten zusammenstellten. In jedem Fall wurden diese Wortschatzlisten vom Projektleiter überarbeitet und standardisiert. Entsprechend trägt der Projektleiter die Hauptverantwortung, auch für Fehler. Helfried W. Seliger sei für die kritische Durchsicht einer früheren Fassung und für Ergänzungsvorschläge, vor allem für das Kapitel „Kommunikationswesen", gedankt. Besonderer Dank gilt Marion Moamai, die die letzte Fassung kritisch durchgesehen hat. Auch hier übernimmt der Projektleiter die Verantwortung für übersehene Fehler.

Hans Walter Frischkopf, McGill University

Hinweise für die Benutzung

Die Genusangabe (m/f/n) und die Pluralendung werden bei zusammengesetzten Substantiven nicht gegeben, wenn deren Grundwort identisch ist mit dem Substantiv im übergeordneten Eintrag, also das gleiche Genus und die gleiche Pluralendung hat:

Bank (f) (-en)
    Privatbank
    Volksbank

Entsprechendes gilt auch für Femininbildungen auf -in. Diese werden in der Regel nur im übergeordneten Eintrag angegeben, gelten aber auch für die untergeordneten Einträge:

Makler (m) (-) / Maklerin (f) (-nen)
    Handelsmakler vs. Zivilmakler   [= auch: Handelsmaklerin vs. Zivilmaklerin]

Wo zwei Kasusendungen, durch Komma getrennt, angegeben werden – in der Regel bei der n-Deklination (z.B. Kunde (m) (-n, -n)) und bei Fremdwörtern –, ist die erste Endung die des Genitiv Singular, die zweite die des Nominativ Plural. Wo nur eine Endung steht, ist es die des Nominativ Plural.

Im Folgenden wird am Beispiel eines Substantivs als Haupteintrag gezeigt, wie die Fachwortschatzliste gegliedert ist. Die Gliederung wird zum Zweck des leichteren Verständnisses auch optisch signalisiert.

Kredit (m) (-e)	*Haupteintrag (Substantiv)*
langfristiger vs. kurzfristiger Kredit	*Kollokation Adjektiv + Substantiv*
einen Kredit aufnehmen einen Kredit beantragen	*Kollokation Substantiv + Verb*
Dispositionskredit Hypothekarkredit Produktivkredit	*Wortzusammensetzung* *(Haupteintrag als Grundwort)*
Kreditabteilung (f) (-en) Kreditkarte (f) (-n) Kreditkarteninhaber (m) (-)	*Wortzusammensetzung* *(Haupteintrag als Bestimmungswort)*

Abkürzungen

A	Akkusativ
D	Dativ
f	feminin
G	Genitiv
jd.	jemand
jdm.	jemandem
jdn.	jemanden
m	maskulin
n	neutrum
Pl.	nur Pluralform üblich (in dieser Bedeutung)
s.	sich
Sg.	nur Singularform üblich (in dieser Bedeutung)
ugs.	umgangssprachlich
vs.	versus (= Antonym (im weiten Sinne)), z.B. Angebot vs. Nachfrage
=	Synonym, z.B. absetzen (= verkaufen)
-	gleiche Form im Plural (z. B. Werbemittel (-), also Plural „Werbemittel“)
"	Umlaut bei der Pluralform (z.B. Laden ("), also Plural „Läden“; Markt ("e), also Plural „Märkte“)

I. Kernbereich

1. Wirtschaftssysteme

(Zusammenstellung: Friedrich-Wilhelm Kuebart)

1.1. Marktwirtschaft

anbieten (D, A) dem Kunden ein neues Produkt anbieten
  Anbieter (m) (-) vs. Nachfrager (m) (-)

  Angebot (n) (-e) (an (D) vs. Nachfrage (f) (Sg.) (nach (D))

arbeiten
  Arbeit (f) (-en)

    arbeitslos
      Arbeitslosigkeit (f) (Sg.)
        Massenarbeitslosigkeit

autonom
  autonome Entscheidung

  Autonomie (f) (-n) Autonomie der Tarifpartner (Arbeitgeber, Arbeitnehmer)

Bedarf (m) (Sg.) vs. Bedürfnis (n) (-se)
  Steuerungsbedarf (die Notwendigkeit, nach sozialen Gesichtspunkten einzugreifen)

  Bedarfsbefriedigung (f) (Sg.)
  Bedarfsstruktur (f) (-en)

Bedürfnis (n) (-se)
  Grundbedürfnis

dezentral vs. zentral
  dezentralisieren Die Planung wird dezentralisiert.

Eigentum (n) (Sg.) vs. Besitz (m) (Sg.)
    Eigentum haben
    Eigentum an (D) Eigentum an Produktionsmitteln

        Privateigentum
        Gesellschaftseigentum

    Eigentümer (m) (-)

entscheiden (A)
    Entscheidung (f) (-en) (für vs. gegen (A))
        eine Entscheidung treffen

frei

freie Berufswahl	die Freiheit, sich für einen Beruf seiner Wahl zu entscheiden
freie Konsumwahl	die Freiheit, sich für den Konsum / Verbrauch seiner Wahl zu entscheiden

    freie (vs. soziale) Marktwirtschaft
    freie Wahl des Arbeitsplatzes

    Freiheit (f) (-en)

Gewerbefreiheit	die Freiheit, einem Gewerbe seiner Wahl nachzugehen
Niederlassungsfreiheit	die Freiheit, sich an einem Ort seiner Wahl niederzulassen
Vertragsfreiheit	die Freiheit, Verträge mit Partnern seiner Wahl abzuschließen
Wettbewerbsfreiheit	die Freiheit, mit Konkurrenten um Kunden / Marktanteile zu kämpfen

Garantie (f) (-n)
    gesetzliche Garantie (der Wettbewerbsfreiheit)

Gesetz (n) (-e)
    Kartellgesetz

Handel (m) (Sg.)
    freier Handel (= Freihandel)

Individualprinzip (n) (Sg.) vs. Kollektivprinzip (n) (Sg.)

Initiative (f) (-n)

Kapital (n) (-e/-ien)
Kapital ansammeln
Kapital binden an (A)

kapitalisieren (A) Gewinne kapitalisieren

Kapitalismus (m) (Sg.) vs. Sozialismus (m) (Sg.)
kapitalistisch
kapitalistische Wirtschaftsordnung

Konkurrenzkapitalismus
Monopolkapitalismus

Konjunktur (f) (die dynamische Entwicklung der Wirtschaft)
Konjunkturanfälligkeit (f) (Sg.)
Konjunkturpolitik (f) (Sg.)

konjunkturell
konjunktureller Einfluss
konjunkturelle Schwankung

Konkurrenz (f) (Sg.) (= Wettbewerb (m) (Sg.))
jdm. Konkurrenz machen

konkurrieren (mit jdm. / etwas)

Konsum (m) (Sg.) (= Verbrauch (m) (Sg.))
Konsumfreiheit (f) (Sg.)
Konsumwahl (f) (Sg.)

leisten
Leistung (f) (-en)
eine Leistung erbringen

Leistungsanreiz (m) (-e) Leistungsanreiz durch Wettbewerb
Leistungsfaktor (m) (-en)
Leistungspotential (n) (Sg.)

Markt (m) ("e)
marktkonform marktkonforme Maßnahme

Marktkonformität (f) (Sg.)
marktorientiert

Marktmechanismus (m) (-men) (mechanische, vorhersehbare Abfolgen im Marktgeschehen)
Marktpreis (m) (-e)
Marktteilnehmer (m) (-)
Marktwirtschaft (f) (-en) (unterliegt den Gesetzmäßigkeiten des Marktes)
freie (vs. soziale) Marktwirtschaft
reine Marktwirtschaft
soziale Marktwirtschaft

marktwirtschaftlich
marktwirtschaftliche Gesetze

motivieren (A) zu (D) / etwas zu tun
Motivation (f) (-en)
Motivationsfaktor (m) (-en) für (A)

Nachfrage (f) (Sg.) nach (D) vs. Angebot (n) (-e) an (D)
nachfragebedingt
nachfragebedingte Änderung der Wirtschaftsstruktur

Preis (m) (-e)
Preisbildung (f) (Sg.)
Preisfunktion (f) (-en) (Reaktion der Nachfrage auf Preisänderungen)

preismechanisch
Preismechanismus (m) (-men) vs. Mengenmechanismus (m) (-men)

privat (dem Individuum gehörig)
privates Eigentum
in privater Hand sein

Privateigentum (n) (Sg.) vs. Staatseigentum (n) (Sg.)
Privatwirtschaft (f) (Sg.)

privatisieren (A) vs. verstaatlichen (A)
Privatisierung (f) (Sg.) vs. Verstaatlichung (f) (Sg.)
die Privatisierung von Staatsbetrieben (z.B. Bundespost, -bahn)

Recht (n) (-e) auf (A)
    Recht auf Privateigentum

regulieren (A)   durch den Markt reguliert werden

rentabel
    Rentabilität (f) (Sg.)

sozial
    soziales Denken
    soziale Gerechtigkeit
    soziale Marktwirtschaft (= soziale marktwirtschaftliche Ordnung)
    soziale Sicherheit
    soziale Verantwortlichkeit

    Sozialpartner (m) (-) (= Arbeitgeber und Arbeitnehmer)
    Sozialpflichtigkeit (f) (Schutz des Schwachen am Markt)
    Sozialstaat (m) (-en)
        Sozialstaatlichkeit (f) (Sg.)

Staat (m) (-en)

steuern (A)
    Steuerung (f) (-en)   Steuerung durch den Markt

Tarifautonomie (f) (Sg.)

verantworten (A)
    Verantwortung (f) (Sg.)
        Verantwortung übernehmen für (A)

        Eigenverantwortung
        Eigenverantwortlichkeit (f) (Sg.)

    verantwortlich sein für (A) (z.B. für den Umsatz)

verfügen über (A)
    Verfügungsrecht (n) (-e) über (A)   das Recht, über eine Sache zu verfügen

Vermögen (n) (-)
- breitgestreutes Vermögen

- Anlagevermögen

- Vermögensbildung (f) (Sg.)

Wettbewerb (m) (Sg.)
- eingeschränkter vs. uneingeschränkter Wettbewerb
- funktionsfähiger Wettbewerb
- lauterer vs. unlauterer Wettbewerb

- Verdrängungswettbewerb

- Wettbewerbsbeschränkung (f) (-en)
- Wettbewerbsrecht (n) (Sg.)
- Wettbewerbssicherung (f) (Sg.)

1.2. Zentralistische Planwirtschaft

beeinflussen
- Beeinflussung (f)
  - staatliche Beeinflussung

Eigentum (n) (Sg.)
- Staatseigentum an Produktionsmitteln
- Volkseigentum

eingreifen in (A)
- Eingriff (m) (-e)
  - staatlicher Eingriff

enteignen (jdn. um seinen Besitz bringen)
- Enteignung (f) (Sg.) vs. Privatisierung (f) (Sg.)

festsetzen (A) (= festlegen (A)) den Brotpreis festsetzen
- Festsetzung (f) (Sg.)
  - Preisfestsetzung
    - Preisfestsetzungsautorität (f) (Sg.)

Kollektiv (n) (-e)
    Kollektivismus (m) (Sg.) vs. Individualismus (m) (Sg.)

    Kollektivprinzip (n) (Sg.) vs. Individualprinzip (n) (Sg.)

kontrollieren (A)
    Kontrolle (f) (-n)
        Kontrolle ausüben

        Machtkontrolle

lenken (A) (= steuern (A))
    Lenkung (f) (Sg.) (= Steuerung (f) (Sg.))

Monopol (n) (-e)
    ein Monopol ausüben

    Außenhandelsmonopol (Sg.)

Plan (m) ("e)
    Plandatum (n) (-ten)
    Planerfüllung (f) (Sg.)
    Plansoll (n) (Sg.)
        das Plansoll erfüllen
    Planvorgabe (f) (-n)
    Planwirtschaft (f) (Sg.) (= Zentralwirtschaft (f) (Sg.))

    planen (A)
        einplanen (A)
        umplanen (A)
        verplanen (A)

    Planung (f) (-en)
        Planungsbehörde (f) (-n)
            staatliche Planungsbehörde
        Planungshierarchie (f) (-n)
        Planungsorgan (n) (-e)

regulieren (A)

sicher
Sicherheit (f) (-en)
Sicherheit des Arbeitsplatzes, der Altersversorgung, der Beschäftigung (= Beschäftigungsgarantie)

Soll (n) (Sg.)
das Soll erfüllen

sozial
sozialistisch
sozialistische vs. kapitalistische Wirtschaftsordnung

Sozialismus (m) (Sg.) vs. Kapitalismus (m) (Sg.)

Staat (m) (-en)
staatlich
staatlicher Eingriff

Staatseigentum (n) (Sg.) vs. Privateigentum (n) (Sg.)

volkseigen
volkseigener Betrieb

Volkseigentum (n) (Sg.)

zentral vs. dezentral
zentral lenken (A)
zentral leiten (A)
zentral verwalten (A)

zentrale Planung (= Zentralplanung)

Zentralinstanz (f) (-en)
Zentralverwaltung (f) (Sg.)
Zentralwirtschaft (f) (Sg.)

zentralistisch
zentralistische Planwirtschaft

2. Soziale Sicherheit, Sozialversicherung

(Zusammenstellung: Britta Hufeisen)

2.1. Allgemeines zur sozialen Sicherheit

Arbeitsförderung (f) (garantiert berufliche Umschulung)

Ausbildung (f) (Sg.)

Ausbildungsbeihilfe (f) (-n)
Ausbildungsförderung (f) (Sg.)

bedürfen (G) der Sozialhilfe bedürfen
bedürftig sein
Bedürftige (m/f) (-n)

Erziehungsgeld (n) (Sg.) (für die Betreuung und Erziehung von Kleinkindern)

Erziehungsurlaub (m) (Sg.)
Erziehungsurlaub haben

Gleichheitsgrundsatz (m) ("e) (Prinzip, dass alle gleichen Anspruch auf soziale Sicherheit haben)

Kindergeld (n) (-er) Ab dem zweiten Kind können Eltern Kindergeld beziehen.

Lohnfortzahlung (f) (Sg.)

Mutterschutz (m) (Sg.) (Schutz einer schwangeren Frau vor besonderen Risiken, vor Kündigung usw.)
Mutterschutz genießen 4 Wochen vor und 6 Wochen nach der Geburt genießt die Mutter Mutterschutz.

Prinzip (n) (-ien)
Fürsorgeprinzip
Solidaritätsprinzip
Versicherungsprinzip
Versorgungsprinzip

sozial

sozialer Ausgleich (Kompensation in sozialer Not)
soziales Netz (System sozialer Sicherungen zum Schutz vor sozialer Not)
soziale Sicherheit (garantiert durch soziales Netz)
soziale Sicherung

Sozialabgabe (f) (-n)
Sozialamt (n) ("er)
Sozialhilfe (f) (Sg.) Die Sozialhilfe umfasst die Hilfe zum Lebensunterhalt und die Hilfe in besonderen Lebenslagen.
Sozialhilfe beantragen
der Sozialhilfe bedürfen (G) (= auf Sozialhilfe angewiesen sein)
Sozialhilfe beziehen (= erhalten)
Sozialhilfe empfangen (= erhalten)
Sozialhilfeempfänger (m) (-)
Sozialleistung (f) (-en) die Sozialleistungen des Staates
Sozialleistungen erbringen
Sozialstaat (m) (-en) (Staat, der soziale Sicherheit garantiert)
Sozialstaatsprinzip (n) (-ien) (Versorgungsprinzip)
Sozialversicherung (f) (-en) vs. Sozialhilfe (f) (Sg.) vs. Versorgung (f) (Sg.)
Sozialversicherungssystem (n) (-e)

Träger (m) (-) Träger der Arbeitslosenversicherung ist die Bundesanstalt für Arbeit in Nürnberg.

Versicherung (f) (-en)
Pflichtversicherung (obligatorische Versicherung) Die Sozialversicherung ist eine Pflichtversicherung.

Wohlfahrt (f) (Sg.) (soziale Sicherheit)
Wohlfahrtsstaat (m) (Staat, der große soziale Sicherheit garantiert)

Wohngeld (n) (-er) (Wohnungsbeihilfe für Einkommensschwache; wird von der Gemeinde finanziert)
Wohngeld beantragen (= einen Antrag auf Wohngeld (A) stellen)
Wohngeld beziehen

2.2. Allgemeines zur Versicherung

s. absichern gegen (A) sich gegen Armut bei Invalidität absichern

Anspruch (m) ("e)
    Anspruch erheben
    Anspruch haben auf (A)

Arbeitgeberanteil (m) (Sg.) vs. Arbeitnehmeranteil (m) (Sg.)

Beitrag (m) ("e) (hier: der Versicherungsbeitrag)
    Beiträge zahlen

    Beitragsbemessung (f) (Sg.)
        Beitragsbemessungsgrenze (f) (-n)
        Beitragsbemessungsgrundlage (f) (-n)
    Beitragspflicht (f) (Sg.)
        beitragspflichtig
    Beitragssatz (m) ("e) (= Beitragshöhe (f) (Sg.))

Bezugsberechtigte (m/f) (-n) (= Begünstigte (m/f) (-n))

s. richten nach (D) Der Beitrag richtet sich nach dem Einkommen.

Unterstützung (f) (Sg.)
    finanzielle Unterstützung

versichern (sich / jdn.) (gegen (A))
    versichert sein

    Versicherte (m/f) (-n) vs. Versicherer (m) (-) (= Versicherungsgeber (m) (-))

    versicherbar vs. unversicherbar

Versicherung (f) (-en)
    eine Versicherung abschließen (= eine Versicherung neu beginnen)
    eine Versicherung haben
    eine Versicherung kündigen

    Versicherungsart (f) (-en)

Versicherungsarten: Sozialversicherungen vs. Individualversicherungen (= Privatversicherungen)

Sozialversicherungen: Arbeitgeber und Arbeitnehmer bezahlen je 50% der Beiträge.
Arbeitslosen-, Kranken-, Pflege-, Renten-, Unfallversicherung
Individualversicherungen: Personen- vs. Sach- vs. Vermögensversicherung
Personenversicherungen: Kranken-, Lebensversicherung u.a.
Sachversicherungen: Diebstahl-, Feuer-, Transportversicherung u.a.
Vermögensversicherungen: Haftpflicht-, Kreditversicherung u.a.

Versicherungsfall (m) ("e)
Versicherungsgesellschaft (f) (-en)
Versicherungsjahr (n) (-e) Nach etwa 45 Versicherungsjahren liegt die Rente bei etwa 70% des Durchschnittseinkommens.
Versicherungsleistung (f) (-en)
Versicherungsleistungen beanspruchen
Versicherungspflicht (f) (Pflicht eines jeden Arbeitnehmers, Beiträge zu leisten)
der Versicherungspflicht unterliegen (D) Selbständige unterliegen nicht der Versicherungspflicht.
versicherungspflichtig
Versicherungsprinzip (n) (-ien)
Versicherungsschutz (m) (Sg.)
Versicherungsschutz genießen (= haben)
Versicherungswesen (n) (Sg.)

2.3. Sozialversicherungen

2.3.1. Arbeitslosenversicherung

arbeiten (= beschäftigt sein) vs. arbeitslos sein (= beschäftigungslos = erwerbslos sein)
Arbeit (f)

Kurzarbeit
Kurzarbeitergeld (n) (-er)

Arbeitsamt (n) ("er)
Arbeitsbeschaffung (f) (Sg.)
Arbeitsbeschaffungsmaßnahme (f) (-n) (= ABM (f))
Arbeitsförderung (f) (Sg.) (eine der Aufgaben der Bundesanstalt für Arbeit)

Arbeitsförderungsgesetz (n) (regelt die Arbeitslosenversicherung)
Arbeitsplatz (m) ("e)
Arbeitsplatzgarantie (f) (Sg.)
Arbeitsplatzsicherheit (f) (Sg.)
Arbeitsplatzverlust (m) (Sg.)
Arbeitsvermittlung (f) (-en)

arbeitslos (arbeitslos sein, keine Arbeit haben) vs. berufstätig sein
sich beim Arbeitsamt arbeitslos melden
langzeitarbeitslos sein

Arbeitslosengeld (n) (-er) (Arbeitslosengeld wird von der Arbeitslosenversicherung bezahlt.)
Arbeitslosengeld beantragen (= einen Antrag auf Arbeitslosengeld (A) stellen)
Arbeitslosengeld bekommen (= beziehen)
Arbeitslosengeld zahlen Das Arbeitslosengeld wird höchstens 32 Monate lang gezahlt. Danach bekommt man Arbeitslosenhilfe.
Arbeitslosenhilfe (f) (Sg.) Arbeitslosenhilfe wird von der Gemeinde gezahlt. Sie gewährleistet ein materielles Existenzminimum.
Arbeitslosenhilfe beziehen
Arbeitslosenquote (f) (-n)
Die Arbeitslosenquote steigt (vs. sinkt).
Arbeitslosenversicherung (f) (-en)

Arbeitslosigkeit (f) (Sg.)
von Arbeitslosigkeit bedroht sein

Berufsberatung (f) (-en)

Beschäftigungslose (m/f) (-n)

Bundesanstalt (f) für Arbeit (= Träger der Arbeitslosenversicherung)

Erwerbslose (m/f) (-n)

s. fortbilden (= s. weiterbilden)
Fortbildung (f) (Sg.)
berufliche Fortbildung (= Berufsfortbildung)

Schlechtwettergeld (n) (-er) Wenn das Wetter zu schlecht ist, können z.B. Bauarbeiter nicht arbeiten; anstatt Lohn bekommen sie Schlechtwettergeld.

umschulen
Sie schult um. Er wird zum Betriebswirt umgeschult.
sich umschulen (lassen) zu (D) Ich lasse mich zur Programmiererin umschulen.

Umschulung (f) (-en)

s. weiterbilden (= s. fortbilden) Man sollte immer etwas Neues lernen, sich auf dem Laufenden halten, sich also fort- und weiterbilden.
Weiterbildung (f) (Sg.) (= Fortbildung)

2.3.2. Krankenversicherung
ambulant (= in einer Arztpraxis) behandelt werden

Bundesministerium (n) für Gesundheit

Ersatzkasse (f) (-n) Außer den gesetzlichen Krankenkassen gibt es Ersatzkassen.

Gesundheitsversorgung (f) (Sg.)

Gesundheitswesen (n) (Sg.) Erhaltung und Wiederherstellung der Gesundheit

Kassenarzt (m) ("e) / Kassenärztin (f) (-nen)

Krankengeld (n) (Sg.) Krankengeld wird gewährt, wenn die Krankheit den Versicherten arbeitsunfähig macht.
Krankengeld beziehen

Krankenhaus (n) ("er)
Krankenhausaufenthalt (m) (-e)
Krankenhausbehandlung (f) (-en) (= stationäre Behandlung) vs. ambulante Behandlung

Krankenhilfe (f) (Sg.)

Krankenkasse (f) (-n)
Allgemeine Ortskrankenkasse (AOK)

gesetzliche Krankenkasse — Gesetzliche Krankenkassen sind Träger der Krankenversicherung.

Krankenpflege (f) (Sg.)
häusliche Krankenpflege

krankenversichert sein
freiwillig (privat) vs. gesetzlich krankenversichert sein

Krankenversicherung (f) (-en) (= Krankenkasse (f) (-n))
gesetzliche vs. privat Krankenversicherung

eine Krankenversicherung abschließen
Krankenversicherungskarte (f) (-n)

krankmelden — Wenn man wegen einer Erkrankung nicht zur Arbeit gehen kann, muss man sich krankmelden.
Krankmeldung (f) (-en)

krankschreiben (A) — Er wurde zwei Wochen krankgeschrieben.

Kur (f) (-en)
eine Kur antreten — Sie tritt zur medizinischen Rehabilitation eine Kur an.
zur Kur gehen
zur Kur geschickt werden

Kuraufenthalt (m) (-e)

Mutterschaftsgeld (n) (Sg.)

Mutterschaftshilfe (f) (Sg.) — (während der Schwangerschaft und nach der Entbindung gewährt)

präventiv
präventive Maßnahme
präventive Maßnahmen treffen (= vorbeugen (D); einer Krankheit vorbeugen)

Vorsorge (f) (Sg.) vs. Nachsorge (f) (Sg.)
Vorsorgeuntersuchung (f) (-en) — (Maßnahme zur Früherkennung von Krankheiten)

2.3.3. Pflegeversicherung

Gutachten (n) (-) Gutachten über den Grad der Pflegebedürftigkeit
ein Gutachten abgeben
ein Gutachten einreichen

Härtefall (m) ("e)

pflegen (A)
Pflege (f) (Sg.)
häusliche vs. ambulante vs. stationäre Pflege
Für Menschen ohne Angehörige, die sie zu Hause pflegen können, gibt es die stationäre Pflege im Heim.

Kurzzeitpflege
Tages- vs. Nachtpflege

pflegebedürftig sein Manche Menschen werden im Alter pflegebedürftig.
Pflegebedürftige (m/f) (-n)
erheblich Pflegebedürftige
Schwerpflegebedürftige
Schwerstpflegebedürftige

Pflegebedürftigkeit (f) (Sg.)

Pflegedienst (m) (-e)
Pflegegeld (n) (Sg.)
Pflegeheim (n) (-e)
Pflegehilfsmittel (n) (-) Zu den Pflegehilfsmitteln gehören z.B. eine Gehhilfe oder ein Rollstuhl.
Pflegekraft (f) ("e) Eine Pflegekraft ist eine Person, die jemanden pflegt.
Pflegestufe (f) (-n)
Pflegeversicherung (f) (-en)

2.3.4. Rentenversicherung

Altersgrenze (f) (-n)
die Altersgrenze erreichen

Altersversorgung (f) (Sg.)

Altersversicherung (f) (Sg.)

Hinterbliebenenversorgung (f) (Sg.) (= Witwen- und Waisenrente (f))

Pension (f) (-en) Beamte bekommen eine Pension.
Pensionär (m) (-e) / Pensionärin (f) (-nen)

pensioniert sein

Rente (f) (-n) (= Altersruhegeld (n) (Sg.)) Angestellte und Arbeiter bekommen eine Rente. Die Rente hat Lohnersatzfunktion.
dynamische Rente (wächst mit wachsendem Einkommen)

jdm. eine Rente zahlen
Rente beanspruchen
Rente beziehen Nach dem Berufsleben kann man eine Rente beziehen.
in Rente gehen

Altersrente
Betriebsrente
Frührente
Teilrente
Waisenrente
Witwenrente

Rentenanspruch (m) ("e) (= ein Recht auf Rente)
Rentenanstalt (f) (Sg.)
Rentenrecht (n) (Sg.) Seit 1992 gilt in Deutschland ein einheitliches Rentenrecht.
Rentenversicherung (f) (Sg.)
rentenversichert sein
Rentenzahlung (f) (-en)

Rentner (m) (-) / Rentnerin (f) (-nen)

Ruhestand (m) (Sg.) Nach der Erwerbstätigkeit geht man in den Ruhestand.
Vorruhestand

2.3.5. Unfallversicherung

Berufskrankheit (f) (-en) — Auch Berufskrankheiten sind durch die Unfallversicherung gedeckt.

Heilbehandlung (f) (-en) — Die Leistungen der Unfallversicherung schließen u.a. die Heilbehandlung ein.

Invalide (m/f) (-n)
  Invalidenversicherung (f) (Sg.)
  Invalidität (f) (Sg.)

Sterbegeld (n) (-er)

Unfall (m) ("e)
  Arbeitsunfall
  Wegeunfall (der Unfall auf dem Weg zur Arbeit)

  Unfallrente (f) (-n) — (wird gezahlt, solange der/die Versicherte arbeitsunfähig ist)
  Unfallschaden (m) (")
  Unfallverhütung (f) (Sg.) — (= Verhütung von Arbeitsunfällen)
  Unfallversicherung (f) (-en) — Die Unfallversicherung trägt die Kosten der Heilbehandlung nach einem Arbeitsunfall.
    unfallversichert sein

3. Konjunkturindikatoren

(Zusammenstellung: Helfried W. Seliger)

3.1. Konjunktur und Konjunkturphasen

Abschwung (m) (Sg.) vs. Aufschwung (m) (Sg.)

Abstieg (m) (Sg.) vs. Aufstieg (m) (Sg.) Der wirtschaftliche Abstieg war nicht aufzuhalten.

Aufschwung (m) (Sg.)
  Konjunkturaufschwung
    Der Konjunkturaufschwung ist in Sicht.
    Der Konjunkturaufschwung hält an.
    Der Konjunkturaufschwung setzt sich fort.

  Aufschwungsphase (f) (-n) Die Wirtschaft ist gerade in der Aufschwungsphase.

Aufstieg (m) (Sg.)

Aufwärtstrend (m) (Sg.)

Baisse (f) (Sg.) vs. Hausse (f) (Sg.)
  im Zeichen der Baisse stehen

Boom (m) (-s, -s) (= Hochkonjunktur (f) (-en))
  einen Boom erleben (= boomen (ugs.))

Depression (f) (-en)

Flaute (f) (-n) In der Metallindustrie herrscht zur Zeit Flaute.
  langsam aus der Flaute kommen
  in die Flaute geraten

  Exportflaute
  Marktflaute

Hausse (f) (Sg.) vs. Baisse (f) (Sg.)

Hochkonjunktur (f) (-en) (= Boom (m) (-s))
Die Hochkonjunktur ist erreicht.
Die Hochkonjunktur dauert an.
Die Hochkonjunktur ist vorbei.

Konjunktur (f) (-en)
die Konjunktur kommt in Gang

konjunkturell die konjunkturelle Entwicklung

Hochkonjunktur

Konjunkturbarometer (n) (-)
Konjunkturdiagnose (f) (-n)
Konjunkturforschung (f) (Sg.)
Konjunkturphase (f) (-n)
Konjunkturpolitik (f) (Sg.)
Konjunkturprognose (f) (-n)
eine Konjunkturprognose stellen
Konjunkturschwankung (f) (-en)
Konjunkturtest (m) (-s)
Konjunkturverlauf (m) (Sg.)
Konjunkturwelle (f) (-n)
Konjunkturzyklus (m) (-len)

Kontraktion (f) (-en) Die wirtschaftliche Kontraktion ist nicht mehr aufzuhalten.

Krise (f) (-n)
in die Krise führen
in die Krise geraten
in die Krise schlittern (ugs.)
aus der Krise kommen

krisenanfällig vs. krisenfest

Wirtschaftskrise
in einer Wirtschaftskrise stecken

Rezession (f) (-en)
krisenhafte Rezession

leichte Rezession
starke Rezession

aus der Rezession herauskommen
in der Rezession stecken
in die Rezession stürzen

Stagflation (f) (Sg.) (Stagnation und Inflation)

Stagnation (f) (Sg.)
stagnieren
stagnierend

Talfahrt (f) (Sg.)
die konjunkturelle Talfahrt antreten
die konjunkturelle Talfahrt auffangen

Talsohle (f) (Sg.) (= Tiefpunkt (m))
die Talsohle erreicht haben
Die Talsohle ist durchschritten.

Tief (n) (Sg.)
Tiefstand (m) (Sg.)
den Tiefstand erreichen   Die Wirtschaft hat ihren Tiefstand erreicht.

3.2. Konjunkturindikatoren

abbauen
Abbau (m) (Sg.) der Abbau der Nebenkosten
Kostenabbau
Personalabbau
Stellenabbau

abnehmen vs. zunehmen   Der Außenhandel hat um 20% abgenommen.
Abnahme (f) (-n) vs. Zunahme (f) (-n)

abrutschen vs. hochklettern
auf den vierten Platz abrutschen
Die Zinssätze klettern wieder hoch.

Abrutsch (m) (Sg.)
der Abrutsch in die roten Zahlen

Absatz (m) (Sg.) (= Verkauf (m) (Sg.))
Es herrscht flauer Absatz.
reißenden Absatz finden

abwerten vs. aufwerten
Abwertung (f) (-en) Die Abwertung der Währung war nicht zu bremsen.

Angebot (n) (Sg.) an (D) vs. Nachfrage (f) (Sg.) nach (D)

ansteigen (= zunehmen)
Anstieg (m) (Sg.) vs. Rückgang (m) (Sg.) Der Anstieg der Zinssätze wirkt inflationär.

Arbeit (f) (-en)
Kurzarbeit (Sg.)
Teilzeitarbeit (Sg.)

arbeitslos
Arbeitslose (m/f) (-n)
Arbeitslosenzahl (f) (-en)
Arbeitslosenziffer (f) (-n)
Arbeitslosigkeit (f) (Sg.)
Massenarbeitslosigkeit

Arbeitsmarkt (m) ("e)
Arbeitsplatz (m) ("e)
Arbeitsplätze einsparen
Arbeitsplätze erhalten
Arbeitsplätze exportieren
Arbeitsplatzexport (m) (Sg.)
Arbeitsplätze schaffen
die Schaffung von Arbeitsplätzen
Arbeitsplätze sichern
Arbeitsplatzsicherung (f) (Sg.)
Arbeitsplätze streichen
Arbeitsplätze verlieren
Arbeitszeit (f) (-en)

Wochenarbeitszeit

Arbeitszeitverkürzung (f) (-en)

Auftrag (m) ("e)
ein laufender Auftrag

einen Auftrag abwickeln
einen Auftrag ausführen
(weniger) Aufträge gehen ein
einen Auftrag erledigen
jdm. einen Auftrag erteilen (= an jdn. einen Auftrag erteilen)
einen Auftrag stornieren
Auftragsstornierung (f) (-en)
einen Auftrag an jdn. vergeben

Auftragsbestand (m) ("e)	Der Auftragsbestand ist rückläufig.
Auftragseingang (m) ("e)	Die Auftragseingänge sind drastisch zurückgegangen
Auftragslage (f) (Sg.)	Die Auftragslage ist ermutigend.
Auftragsrückgang (m) (Sg.)	
Auftragsrückstand (m) ("e)	

Aufwand (m) ("e) vs. Ertrag (m) ("e)

aufwerten (A) vs. abwerten (A)
Aufwertung (f) (-en)

ausbauen (A) (= erweitern (A))
Ausbau (m) (Sg.) konsequenter Ausbau der Kapazitäten
ausbaufähig

ausführen (A) (= exportieren (A)) vs. einführen (A) (= importieren (A))
einen Artikel ausführen

Ausfuhr (f) (-en) (= Export (m) (-e)) vs. Einfuhr (f) (-en) (= Import (m) (-e))
Ausfuhrbestimmung (f) (-en)
Ausfuhrstatistik (f) (-en)

auslasten (A)
ausgelastet sein   Wir sind bis zum Frühjahr voll ausgelastet.

Auslastung (f) (Sg.)	Auslastung der Produktionskapazitäten
Kapazitätsauslastung (f) (Sg.)	Bei einer Kapazitätsauslastung von nur 65% lässt sich kein Gewinn erwirtschaften.

Außenhandel (m) (Sg.)
Außenhandelsdefizit (n) (-e)
Außenhandelspreis (m) (-e)
Außenhandelsüberschuss (m) ("e)

Außenwert (m) (Sg.)	Außenwert der Mark

Außenwirtschaft (f) (Sg.)

Bankrott (m) (-e)
den Bankrott erklären

bankrott
bankrott machen
bankrott sein

beschäftigen (A)
beschäftigt sein	in der Industrie beschäftigt sein
Beschäftigte (m/f) (-n)
Beschäftigtenzahl (f) (-en)

Beschäftigung (f) (Sg.)
Vollbeschäftigung

Beschäftigungsgrad (m) (Sg.)
Beschäftigungslage (f) (Sg.)

betragen
die Arbeitslosenziffer beträgt ...

Bilanz (f) (-en)
Handelsbilanz
Zahlungsbilanz

Devisen (f) (Pl.)
Devisenreserven (Pl.)

Devisenreserven angreifen
Devisenreserven anlegen
Devisenreserven aufbrauchen
Devisenreserven aufstocken

Diskontsatz (m) (Sg.)
den Diskontsatz senken
den Diskontsatz herabsetzen vs. erhöhen (= heraufsetzen)

Dividende (f) (-n)
Dividenden ausschütten; erhöhte Dividenden ausschütten

drosseln (A) (= bremsen (A)) Die Produktion musste gedrosselt werden.

einbrechen Die Kurse brechen ein.
Einbruch (m) ("e) Die Außenhandelszahlen erlitten einen Einbruch.
konjunktureller Einbruch

einbüßen (A) (= verlieren (A))
Einbuße (f) (-n) Im Fahrzeugbau mussten wir schwere Einbußen hinnehmen.

einführen (A) vs. ausführen (A)
Einfuhr (f) (-en) (= Import (m) (-e)) vs. Ausfuhr (f) (-en) (= Export (m) (-e))

einnehmen (A) vs. ausgeben (A)
Einnahme (f) (-n) vs. Ausgabe (f) (-n)

einstellen (A) vs. entlassen (A)
Einstellungsstopp (m) (Sg.)

Einzelhandelsumsatz (m) ("e)

entlassen (A) vs. einstellen (A)
Entlassung (f) (-en)
Massenentlassung Massenentlassungen sind an der Tagesordnung.

Ertrag (m) ("e) (= Gewinn (m) (-e)) vs. Verlust (m) (-e))
ertragreich vs. verlustreich

Ertragslage (f) (Sg.)

Expansion (f) (-en)
  Expansionsphase (f) (-n)

  expandieren (= s. ausdehnen)

  expansiv

Geldmarkt (m) (Sg.)
  angespannter Geldmarkt
  flüssiger Geldmarkt

Geldmenge (f) (-n) Geldmenge M3

Geldpolitik (f) (Sg.)

Geldwert (m) (-e)
  den Geldwert mindern
    eine Minderung des Geldwerts

Geschäftsklima (n) (Sg.)
  unterkühltes vs. überhitztes Geschäftsklima

Gewinn (m) (-e) (= Profit (m) (-e)) vs. Verlust (m) (-e)
  einen Gewinn einbringen
  einen Gewinn erwirtschaften
  einen Gewinn erzielen
  einen Gewinn verzeichnen

  gewinnbringend

  Gewinnrechnung (f) (Sg.) vs. Verlustrechnung (f) (Sg.)

Gutachten (n) (-)
  Jahresgutachten (n) (-)

Inflation (f) (Sg.) vs. Deflation (f) (Sg.)
  Inflationsrate (f) (-n)

  inflationär
    inflationäre Auswirkungen haben

inflationärer Preisanstieg

investieren in (A)
Investierung (f) (-en) die Investierung von Kapital

Investition (f) (-en)
immaterielle Investition
Investitionen vornehmen

Ersatzinvestition
Erweiterungsinvestition
Finanzinvestition
Neuinvestition
Sachinvestition

Investitionsbereitschaft (f)
die Investitionsbereitschaft nimmt ab vs. nimmt zu
Investitonsklima (n) (Sg.)
Investitionsstopp (m) (Sg.)

Kapazität (f) (-en)
die Kapazität auslasten

Produktionskapazität
Kapazitätsauslastung (f) (Sg.)

Kapital (n) (-e/-ien)
Anlagekapital
Eigenkapital
Fremdkapital

Kapitalknappheit (f) (Sg.)
Kapitalschwund (m) (Sg.)

Kaufkraft (f) (Sg.)
Kaufkraftschwund (m) (Sg.) vs. Kaufkraftzuwachs (m) (Sg.)

Konkurrenz (f) (Sg.) (= Wettbewerb (m) (Sg.))
ohne Konkurrenz sein
in Konkurrenz stehen mit (D)

konkurrenzfähig
konkurrenzlos

Konkurrenzdruck (m) (Sg.)

Konkurs (m) (-e) (= Insolvenz (f) (-en))
in Konkurs gehen — Eine Firma geht in Konkurs.
den Konkurs anmelden
den Konkurs erklären
vor dem Konkurs stehen

Konsumfreudigkeit (f) (Sg.)

Kosten (Pl.)
Kostenexplosion (f) (-en)
Kostennachteil (m) (-e) vs. Kostenvorteil (m) (-e)
einen Kostenvorteil wahrnehmen
Kostenspirale (f) (Sg.)

Kredit (m) (-e)
Kreditvergabe (f) vs. Kreditaufnahme (f)

Kursverfall (m) (Sg.)

Lagerbestand (m) ("e) — Wegen der enormen Lagerbestände musste Kurzarbeit eingeführt werden.

Lebenshaltungskosten (Pl.)

Lebensstandard (m) (-s)
Der Lebensstandard ist deutlich gestiegen.
Der Lebensstandard hat sich erhöht (vs. ist gesunken / ist zurückgegangen).

Leistung (f) (-en)
leistungsschwach vs. leistungsstark

Leistungsabfall (m) (Sg.) vs. Leistungsanstieg (m) (Sg.)
Leistungsfähigkeit (f) (Sg.)

Lohn (m) ("e)

Reallohn   Der Reallohn wird an der Kaufkraft gemessen.

Lohnerhöhung (f) (-en)
Lohnkürzung (f) (-en)
Lohnstopp (m) (Sg.)
Lohn-Preis-Spirale (f) (Sg.)

Lieferfrist (f) (-en)
erhöhte Lieferfristen
verkürzte Lieferfristen

Nachfrage (f) (Sg.) nach (D) vs. Angebot (n) (Sg.) an (D)
geringe Nachfrage
große Nachfraqe
lebhafte Nachfrage
rege Nachfrage

es besteht Nachfrage nach (D)
es herrscht Nachfrage nach (D)

Platz (m) ("e) (= Rang (m) ("e))
seinen Platz behaupten können
den ersten Platz einnehmen
auf den vierten Platz zurückfallen

Preis (m) (-e)
Preisanstieg (m) (Sg.) vs. Preisverfall (m) (Sg.)
Preispolitik (f) (Sg.)
Preissenkung (f) (-en)

Produktion (f) (Sg.)
Produktionsausstoß (m) (Sg.)
Produktionsüberschuss (m) ("e)
Produktionsverlagerung (f) (-en)   Überhöhte Lohnkosten führten zu einer Produktionsverlagerung.

Produktionsvolumen (n) (Sg.)
Produktionszahlen (f) (Pl.)

Produktivität (f) (Sg.)

Rang (m) ("e)
einen hohen Rang einnehmen vs. einen niedrigen Rang einnehmen
rangmäßig an dritter Stelle liegen

Rangliste (f) (-n)
Rangordnung (f) (Sg.)

rationalisieren (A)
Rationalisierung (f) (-en)

Rückschlag (m) ("e)
einen Rückschlag erleben
einen Rückschlag erleiden
einen Rückschlag hinnehmen müssen

Sachverständige (m/f) (-n)
Sachverständigenrat (m) (Sg.) (= die "fünf Weisen")

sinken vs. steigen
Die Preise sinken (vs. steigen).

Spitze (f) (-n)
an die Spitze rücken
sich an die Spitze schieben
an der Spitze stehen

Spitzenposition (f) (-en)
die Spitzenposition einnehmen

stabil stabile Preise
Stabilität (f) (Sg.)
Stabilitätsgesetz (n) (Sg.) (= "Magisches Viereck" (ugs.))

Stand (m) (Sg.)
auf gleichem Stand wie im Vorjahr sein

steigen vs. sinken

Stelle (f) (-n)
nicht von der Stelle kommen

an erster Stelle stehen

Stellenabbau (m) (Sg.)

Teilbeschäftigung (f) (Sg.) vs. Vollbeschäftigung (f) (Sg.)

Teuerung (f) (-en)

Überschuss (m) ("e) (= Gewinn (m) (-e))
es herrscht ein Überschuss an (D)
einen Überschuss erzielen
einen Überschuss verbuchen

Jahresüberschuss

Überhitzung (f) (Sg.) eine Überhitzung der Konjunktur

Überangebot (n) (Sg.) an (D)

Überstunde (f) (-n)

Umsatz (m) ("e)
ein sprunghaft ansteigender Umsatz

Verbraucherpreis (m) (-e)

verlieren (A) (= einbüßen (A))
Verlust (m) (-e)

Vollbeschäftigung (f) (Sg.) vs. Teilbeschäftigung (f) (Sg.)

Volumen (n) (-)
Auftragsvolumen
Produktionsvolumen
Wirtschaftsvolumen

wachsen
Wachstum (n) (Sg.)
Wachstumsaussichten (Pl.)
Wachstumsrate (f) (-n)

eine negative Wachstumsrate
die Wachstumsrate steigt (= steigert sich, nimmt zu) vs. nimmt ab (= geht zurück, verringert sich, sinkt)

wirtschaftlich
Wirtschaftlichkeit (f)

Zins (m) (-en)
Leitzins (Diskont- und Lombardsatz (m))

Zinssatz (m) ("e)

zunehmen vs. abnehmen
Zunahme (f) (Sg.) vs. Abnahme (f) (Sg.)

Zuwachs (m) (Sg.)
einen Zuwachs verzeichnen In der Außenhandelsbilanz war ein kräftiger Zuwachs zu verzeichnen.

3.3. Zahlungsbilanz

Aktiva (Pl.) vs. Passiva (Pl.)
Aktivposten (m) (-)
Aktivsaldo (m) (Sg.) vs. Passivsaldo (m) (Sg.)
Aktivseite (f) (Sg.)
sich auf der Aktivseite der Bilanz niederschlagen

Außenhandel (m) (Sg.)
Außenhandelsbilanz (f) (-en)
Außenhandelsdefizit (n) (-e)
Außenhandelsüberschuss (m) ("e)

s. belaufen auf (A) sich auf das Doppelte des Vorjahres belaufen
Das Defizit beläuft sich im gegenwärtigen Halbjahr auf 30 Mrd.

Bilanz (f) (-en)
eine Bilanz aufstellen
eine Bilanz erstellen
Bilanz ziehen

Zahlungsbilanz
Teilbilanzen
Devisenbilanz
Dienstleistungsbilanz
Handelsbilanz
Kapitalbilanz
Leistungsbilanz
Übertragungsbilanz

Bilanzgewinn (m) (-e) vs. Bilanzverlust (m) (-e)
Bilanzgleichung (f) (Sg.)
Bilanzschema (n) (-men)
Bilanzstichtag (m) (-e)
Bilanzsumme (f) (-n)
Bilanzvergleich (m) (-e)

bilanzneutral
bilanzwirksam vs. bilanzunwirksam

bilanzieren
Bilanzierung (f) (Sg.)
Bilanzierungszeitraum (m) ("e)

Defizit (n) (-e) (= Fehlbetrag (m) ("e))
mit einem Defizit abschließen
ein Defizit aufweisen
das Defizit ausgleichen
ins Defizit geraten
aus dem Defizit kommen

defizitär
defizitäre Bilanz
defizitärer Haushalt

Debitor (m) (-en) (= Schuldner (m) (-)) vs. Kreditor (m) (-en) (= Gläubiger (m) (-))

Einfuhr (f) vs. Ausfuhr (f) (von Waren und Dienstleistungen)

Exportüberschuss ("e)
einen Exportüberschuss ausweisen

einen Exportüberschuss verzeichnen

Exportumsatz (m) (Sg.)

Haben (n) (Sg.) vs. Soll (n) (Sg.)

Jahresabschluss (m) ("e)

Jahresfehlbetrag (m) ("e)

Jahresüberschuss (m) ("e)

Leistung (f) (-en) Leistungen im internationalen Reiseverkehr
Transportleistungen

Transaktion (f) (-en) Transaktionen mit dem Ausland

Überweisung (f) (-en) Überweisungen ausländischer Arbeitskräfte in ihre Heimatländer

umfassen (A)
Die Leistungsbilanz umfasst die Handelsbilanz, die Dienstleistungsbilanz und die Übertragungsbilanz.

Zahlung (f) (-en) Zahlungen an internationale Organisationen entrichten

3.4. Sozialprodukt, Bruttosozialprodukt, Bruttoinlandsprodukt

Ausland (n) (Sg.) vs. Inland (n) (Sg.)
Ausländer (m) (-) vs. Inländer (m) (-)

ausländisch vs. inländisch
ausländische vs. inländische Unternehmen

Außenbeitrag (m) (Sg.) (Ausfuhr (f) minus Einfuhr (f))

s. beteiligen an (D)
beteiligt sein an (D) an der Wirtschaftsleistung beteiligt sein

brutto vs. netto
    Bruttoinlandsprodukt (n) (Sg.)
    Bruttoinvestition (f) (-en)
    Bruttosozialprodukt (n) (Sg.)
    Bruttowertschöpfung (f) (Sg.)

Dienstleistung (f) (-en)
    Dienstleistungsunternehmen (n) (-)

entstehen
    Entstehung (f) (Sg.)   Entstehung des Bruttoinlandsprodukts

Ergebnis (n) (-se)
    Gesamtergebnis   Gesamtergebnis volkswirtschaftlicher Tätigkeit

erstellen
    die erstellten Güter und Dienstleistungen

Fischerei (f) (Sg.)

Forstwirtschaft (f) (Sg.)

Gesamtergebnis (n) (-se)

Gewerbe (n) (-)
    produzierendes Gewerbe

Gut (n) ("er)
    freie vs. knappe Güter
    materielle vs. immaterielle Güter

    Güter erstellen

    Güter und Dienstleistungen
        Gebrauchsgüter vs. Verbrauchsgüter
        Investitionsgüter vs. Konsumgüter
            Investitionsgüterindustrie (f) (Sg.)
        Konsumgüter
            Konsumgüterindustrie (f) (Sg.)
        Produktionsgüter (= Investitionsgüter)

Produktionsgüterindustrie (f) (Sg.)
Verbrauchsgüter vs. Gebrauchsgüter

Handel (m) (Sg.)
Handel treiben mit (D)

Handel und Verkehr (m)

Haushalt (m) (-e)
private Haushalte vs. Staat

Indikator (m) (-en) Indikator für die wirtschaftliche Leistung eines Landes

Inland (n) (Sg.)
Inländer (m) (-)

Landwirtschaft (f) (Sg.)
Land- und Forstwirtschaft und Fischerei (f)

Leistung (f) (-en)
wirtschaftliche Leistung

eine Leistung erbringen

Dienstleistung
Wirtschaftsleistung

Preis (m) (-e)

privat
privater Haushalt
privater Verbrauch

Sozialprodukt (n) (Sg.)

Staat (m) vs. private Haushalte (Pl.)

Summe (f) (-n)

verbrauchen (A)

Verbrauch (m) (Sg.)
privater Verbrauch
Staatsverbrauch

verteilen (A)
Verteilung (f) (Sg.) Verteilung des Sozialproduktes

verwenden (A)
Verwendung (f) (Sg.) Verwendung des Bruttoinlandsprodukts

Volkswirtschaft (f) (Sg.)
volkswirtschaftlich

4. Marketing

(Zusammenstellung: Hans Walter Frischkopf)

4.1. Markt, Marktforschung, Preispolitik, Produktpolitik

absetzen (A) (= verkaufen, auf den Markt bringen) ein neues Produkt absetzen
  absetzbar   Dieses Produkt ist nicht leicht absetzbar.

  Absatz (m) (Sg.)
    den Absatz fördern
      Absatzförderung (f) (Sg.) (= Verkaufsförderung)
    den Absatz steigern
      Absatzsteigerung (f) (Sg.)

    absatzfähig

    Absatzmöglichkeit (f) (-en)
      Absatzmöglichkeiten ausweiten
      Absatzmöglichkeiten erschließen
      Absatzmöglichkeiten sichern
    Absatzweg (m) (-e) (= Vertriebsweg)

Adressat (m) (-en, -en) / Adressatin (f) (-nen)
  Adressatengruppe (f) (-n)
    die Adressaten(gruppe) ansprechen

anbieten (D, A)
  jdm. ein Produkt anbieten

  Anbieter (m) (-) vs. Abnehmer (m) (-)

  Angebot (n) (-e) an (D) vs. Nachfrage (f) (Sg.) nach (D)
    Konkurrenzangebot

Bedarf (m) (Sg.) an (D)
  Bedarfsanalyse (f) (-n)
    eine Bedarfsanalyse durchführen

Bedingung (f) (-en)
  Lieferbedingung
  Marktbedingung
  Zahlungsbedingung

Bedürfnis (n) (-se) nach (D)
  ein Bedürfnis befriedigen

befragen (A)
  Konsumenten befragen

  Befragung (f) (-en) (= persönliches Interview (-s))
    eine Befragung durchführen

  Befragte (m/f) (-n)

Bonus (m) (-/-ses, -/-se/Boni)

Daten (Pl.)
  Daten auswerten
  Daten erheben
  Daten sammeln

Dumping (n) (Sg.)

Erhebung (f) (-en) (= Umfrage (f) (-en))
  Erhebungen (Umfragen) anstellen
  Erhebungen (Umfragen) durchführen

  Vollerhebung vs. Teilerhebung (= Stichprobe (f) (-n))

Feldforschung (f) (Sg.) vs. Laborforschung (f) (Sg.)

Firmenimage (n) (Sg.)

Fragebogen (m) (-)

Garantie (f) (-n)
  Garantie gewähren

Gewährleistung (f) (-en)
Gewährleistungsanspruch (m) ("e)
Gewährleistungsansprüche stellen

kalkulieren (A)
die Preise kalkulieren

Kalkulation (f) (-en)

kaufen ((D), A) vs. verkaufen (A)

Kauf (m) ("e) vs. Verkauf (m) ("e)
Kauf auf Abruf
Kauf auf Probe
Kauf auf Umtausch
Kauf gegen Sofortkasse
Kauf gegen Vorauskasse
Kauf nach Probe

Ratenkauf
Terminkauf
Zielkauf

Käufer (m) (-) / Käuferin (f) (-nen) vs. Verkäufer (m) (-) / Verkäuferin (f) (-nen)
Käufermarkt (m) ("e) vs. Verkäufermarkt (m) ("e)
Käuferverhalten (n) (Sg.)

käuflich vs. verkäuflich

Konkurrenz (f) (Sg.)
konkurrenzfähig auf dem Markt konkurrenzfähig sein

konkurrieren (mit (D)) mit einem andern Produkt konkurrieren

Konsument (m) (-en, -en) / Konsumentin (f) (-nen)
vs. Produzent (m) (-en, -en) / Produzentin (f) (-nen)

Kosten (Pl.)
Arbeitskosten
Fremdleistungskosten

Kapitalkosten
Materialkosten

Kunde (m) (-n, -n) / Kundin (f) (-nen)
Kundenbetreuung (f) (Sg.)
Kundendienst (m) (-e)
Kundenprofil (n) (-e)
Kundenwunsch (m) ("e)

Laborforschung (f) (Sg.) vs. Feldforschung (f) (Sg.)

liefern (D, A)
jdm. die Ware rechtzeitig liefern

Lieferbedingung (f) (-en)
Lieferfrist (f) (-en)
die Lieferfrist einhalten
eine Lieferfrist setzen
Lieferklausel (f) (-n) (Incoterm (m) (-s, -s))

liquide sein
Liquidität (f) (Sg.) (Zahlungsbereitschaft (f) (Sg.))
vs. Insolvenz (f) (-en) (= (dauernde) Zahlungsunfähigkeit))

Marke (f) (-n)
Markenartikel (m) (-)
Markenbewusstsein (n) (Sg.)
das Markentbewusstsein vergrößern (= verstärken)
Markenimage (n) (Sg.)
das Markenimage pflegen
Markentreue (f) (Sg.)

Marketing (n) (-s) (Sg.)
Marketingabteilung (f) (-en) (Marketing-Abteilung)
Marketing-Berater (m) (-) / Marketing-Beraterin (f) (-nen)
Marketing-Informationssystem (n) (-e)
Marketing-Instrumentarium (n) (-ien)
Marketing-Konzept (n) (-e)
Marketing-Logistik (f) (Sg.)
Marketing-Management (n) (-s) (Sg.)

Marketing-Manager (m) (-s, -) / Marketing-Managerin (f) (-nen)
Marketing-Mix (n) (Sg.)
Marketingstrategie (f) (-n) (Marketing-Strategie)
Marketingumfeld (n) (= Marketingumwelt (f))
Marketing-Ziel (n) (-e)
Marketing-Zyklus (m) (-len)

Markt (m) ("e)
den Markt abtasten
sich an den Markt anpassen
den Markt beherrschen
den Markt beobachten
ein neues Produkt auf den Markt bringen
ein neues Produkt auf dem Markt einführen
den Markt erobern
einen neuen Markt erschließen
den Markt überschwemmen

Absatzmarkt vs. Beschaffungsmarkt
Käufermarkt vs. Verkäufermarkt

Marktanalyse (f) (-n)
eine Marktanalyse durchführen
Marktanteil (m) (-e)
Marktanteile aufbauen
einen Marktanteil erobern
den Marktanteil halten
seinen Marktanteil vergrößern
Marktbeobachtung (f) (Sg.)
Marktchance (f) (-n)
die Marktchance eines Produkts analysieren
Marktdiversifizierung (f) (Sg.)
Marktdurchdringung (f) (Sg.)
Markterfolg (m) (-e)
Marktflaute (f) (-n)
Marktforschung (f) (-en)
quantitative vs. qualitative Marktforschung (= Motivforschung)
Marktforschung betreiben
Marktführer (m) (-) (= marktbeherrschendes Unternehmen)
Marktgeschehen (n) (Sg.)

Marktklima (n) (Sg.)
Marktlage (f) (Sg.) Die Marktlage hat einen Tiefstand erreicht.
Marktlücke (f) (-n) (= Marktnische (f) (-n))
eine Marktlücke schließen
Marktnische (f) (-n)
eine Marktnische ausnutzen
eine Marktnische finden
Marktpflege (f) (Sg.)
Marktposition (f) (-en)
die Marktposition ausbauen
Marktpotential (n) (Sg.)
Marktprofil (n) (-e)
Marktprognose (f) (-en)
eine Marktprognose stellen
Marktrenner (m) (-)
Marktrisiko (n) (-ken)
Marktsättigung (f) (Sg.)
Marktsegment (n) (-e)
Marktstruktur (f) (-en)
Markttransparenz (f) (Sg.)
Marktuntersuchung (f) (-en)
eine Marktuntersuchung durchführen
eine Marktuntersuchung in Auftrag geben
Marktveränderung (f) (-en)
Marktveränderungen erkennen
sich an Marktveränderungen anpassen
Marktveranstaltung (f) (-en) Zu den Marktveranstaltungen gehören u.a. Messen und Ausstellungen.
Marktvolumen (n)
Marktwert (m) (Sg.)
Marktwirtschaft (f) (Sg.)

marktbezogen eine marktbezogene Unternehmenspolitik
marktfähig
marktgängig marktgängige Größe
marktgemäß marktgemäße Verzinsung
marktgerecht marktgerechter Preis
marktnahe
marktreif
Marktreife (f) (Sg.) (eines Produkts)

vermarkten (A) ein Produkt vermarkten (= auf den Markt bringen, vertreiben)
Vermarktung (f) (Sg.)

Minderung (f) (Sg.)

Muster (n) (-)

Nachfrage (f) (Sg.) nach (D) vs. Angebot (n) an (D)
die Nachfrage reicht aus

Preis (m) (-e)
den Preis anpassen
Preisanpassung (f) (-en)
den Preis festsetzen
Preisfestsetzung (f) (-en)
über den Preis verhandeln

Preisdifferenzierung (f) (-en)
Preisgestaltung (f) (Sg.)
Preisnachlass (m) ("e) Zu den Preisnachlässen gehören das Skonto, der Rabatt und der Bonus.
Preispolitik (f) (Sg.)
Preisvergünstigung (f) (-en)

Produkt (n) (-e)
ein Produkt auf den Markt bringen

Produktdifferenzierung (f) (Sg.)
Produktdiversifikation (f) (Sg.)
Produkteliminierung (f) (Sg.)
Produktentwicklung (f) (Sg.)
Produktgestaltung (f) (Sg.)
Produktinnovation (f) (-en)
Produktmanagement (n) (Sg.)
Produktplanung (f) (Sg.)
Produktwerbung (f) (Sg.)

produktorientiert produktorientiertes Denken

produzieren (A) (= herstellen, erzeugen)

Qualität (f) (-en)

Rabatt (m) (-e)
  Mengenrabatt
  Saisonrabatt
  Treuerabatt
  Wiederverkäuferrabatt

Skonto (n) (-s, -s/-ti)

Testmarkt (m) ("e)

Umfrage (f) (-n)
  eine Umfrage durchführen
  die Umfrage hat ergeben, dass

Umtausch (m) (-e)

Unternehmensplanung (f) (Sg.)

Verbraucher (m) (-) / Verbraucherin (f) (-nen)
  Endverbraucher vs. Wiederverarbeiter

  Verbraucherprofil (n) (-e)
  Verbraucherverhalten (n) (Sg.)
  Verbraucherwunsch (m) ("e)
    Verbraucherwünsche befriedigen

verkaufen (D, A) dem Kunden ein neues Produkt verkaufen
  Verkauf (m) ("e)
    Verkaufsförderung (f) (Sg.)
    Verkaufsstatistik (f) (Sg.)

Verpackung (f) (-en)

Wandlung (f) (Sg.) (Rückgängigmachung des Vertrags)

Ware (f) (-n)
  Markenware

Warentest (m) (-s)
Warenzeichen (n) (-)

Wettbewerb (m) (-e)
den Wettbewerb beschränken
den Wettbewerb erhalten
den Wettbewerb fördern

Wettbewerbsvorteil (m) (-e) vs. Wettbewerbsnachteil (m) (-e)

Zahlung (f) (-en)
die Zahlung erfolgt am ...

Vorauszahlung

Zahlungsbedingung (f) (-en)

Zielgruppe (f) (-n)

4.2. Werbung

Anzeige (f) (-n) (= Annonce (f) (-n), = Inserat (n) (-e))
eine Anzeige in die Zeitung setzen
eine Anzeige schalten

Anzeigenwerbung (f) (Sg.)

Medien (Pl.)
Massenmedien
Printmedien vs. elektronische Medien

Slogan (m) (-s, -s)
Werbeslogan

umwerben (A)
den Kunden umwerben

Umworbene (m/f) (-n)

werben
  für ein Produkt werben

  Werbeabteilung (f) (-en)
  Werbeagentur (f) (-en)
  Werbeaktion (f) (-en)
    eine Werbeaktion durchführen
  Werbeanzeige (f) (-n)
    eine Werbeanzeige aufgeben
  Werbeausgaben (Pl.)
  Werbeaussage (f) (-n)
  Werbeboom (m) (Sg.)
  Werbebotschaft (f) (-en)
  Werbebrief (m) (-e)
  Werbebudget (n) (-s, -s) (= Werbeetat (m))
  Werbeeinnahme (f) (-n)
  Werbefilm (m) (-e)
  Werbekampagne (f) (-n)
    eine Werbekampagne durchführen
  Werbeleiter (m) (-) / Werbeleiterin (f) (-nen)
  Werbemaßnahme (f) (-n)
    Werbemaßnahmen durchführen
  Werbemittel (n) (-) (= Werbemedien (Pl.))
    (z.B. Anzeige (f) (-n) (= Inserat (n) (-e), Katalog (m) (-e), Plakat (n) (-e), Prospekt (m) (-e), Fernsehspot (m) (-s, -s), Rundfunkspot (m) (-s, s))
  Werbeobjekt (n) (-e)
  Werbeplan (m) ("e)
    einen Werbeplan aufstellen
  Werbeplanung (f) (Sg.)
  Werbesendung (f) (-en)
  Werbespot (m) (-s, -s)
    Werbespots ausstrahlen
  Werbespruch (m) ("e)
  Werbestreuung (f) (-en)
  Werbetexter (m) (-) / Werbetexterin (f) (-nen)
  Werbeträger (m) (-)
    (z.B. Anzeigenblatt (n) ("er), Adressbuch (n) ("er), Fernsehen (n), Illustrierte (f) (-n), Rundfunk (m) (Sg.), Zeitschrift (f) (-en), Zeitung (f) (-en))
  Werbewirkung (f) (-en)
    eine große Werbewirkung erzielen

Werbeziel (n) (-e)

Werbung (f) (Sg.)
Werbung treiben
Werbungtreibende (m/f) (-n)
das werbetreibende Unternehmen
die Werbung richtet sich an (A)

Außenwerbung
Direktwerbung
Fernsehwerbung
Haushaltswerbung
Rundfunkwerbung

Zielgruppe (f) (-n)

4.3. Messen und Ausstellungen

ausstellen (A)
Aussteller (m) (-) / Ausstellerin (f) (-nen)

Ausstellung (f) (-en)
eine Ausstellung besuchen
s. an einer Ausstellung beteiligen

Ausstellungsfläche (f) (-n)

Gelände (n) (-)
Ausstellungsgelände
Messegelände

Messe (f) (-n)
die Messe findet ... statt
eine Messe veranstalten (= durchführen)

Branchenmesse
Mehrbranchenmesse
Fachmesse vs. Universalmesse
Investitionsgütermesse

Konsumgütermesse
Mustermesse

Messebesucher (m) (-) / Messebesucherin (f) (-nen)
die MessebesucherInnen betreuen
Messebeteiligung (f) (Sg.)
Messegesellschaft (f) (-en)
Messegut (n) ("er)
Messehalle (f) (-n)
Messekonjunktur (f) (Sg.)
Messeleitung (f) (Sg.)
Messeorganisation (f)
Messeprogramm (n) (-e)
ein Messeprogramm aufstellen
Messeplatz (m) ("e)
Messetermin (m) (-e)
den Messetermin festlegen
den Messetermin planen
den Messetermin verpassen
Messestand (m) ("e)
Messestandort (m) (-e)

Modell (n) (-e)

Muster (n) (-)

Stand (m) ("e)
Informationsstand (m) ("e)

Turnus (m) (Sg.)
Diese Messe findet im Turnus von drei Jahren statt.

4.4. Vertrieb

4.4.1. Vertrieb: allgemein

absetzen (A) Waren absetzen
Absatz (m) (Sg.) (= Vertrieb (m))
Absatzkanal (m) ("e) (= Vertriebsweg (m) (-e))
Absatzpolitik (f) (Sg.)

Absatzorganisation (f) (Sg.)
Absatzrisiko (n) (-ken)
Absatzweg (m) (-e)

Distribution (f) (Sg.) (= Vertrieb (m) (Sg.)) (Verteilung der Güter an den Endkäufer)
Distributionskette (f) (-n) (= Absatzkette)

handeln
mit jdm. / etwas handeln

Handel (m) (Sg.)
Handel treiben mit (D)

Außenhandel vs. Binnenhandel
Binnenhandel
Binnenhandelsbetrieb (m) (-e) vs. Außenhandelsbetrieb (m) (-e)
Großhandel vs. Einzelhandel
Großhändler (m) (-) vs. Einzelhändler (m) (-)

Handelsbetrieb (m) (-e)
Handelskette (f) (Erzeuger > Verwender)

Kunde (m) (-n) / Kundin (f) (-nen)
die Kunden beraten
Kundenberatung (f) (Sg.)

die Kunden betreuen
Kundenbetreuung (f) (Sg.)

lagern (A)
Lagerung (f) (Sg.) (der Ware)
Lagerhalle (f) (-n)
Lagerhalter (m) (-)
Lagerhaltung (f) (Sg.)

liefern (A)
die Ware rechtzeitig liefern

Lieferung (f) (-en)
Lieferungsbedingung (f) (-en)

die Lieferbedingungen lauten

Lieferzeit (f) (-en)
die Lieferzeit beträgt (6 Wochen)

Logistik (f) (Sg.)

Öffentlichkeitsarbeit (f) (Sg.)

pflegen (A)
den Kontakt mit Kunden pflegen

Pflege (f) (Sg.) (der Ware)

Verkehr (m) (Sg.)
Güterverkehr

Versand (m) (Sg.)
Versandhandel (m) (-)
Versandpapier (n) (-e) Zu den Versandpapieren gehört der Frachtbrief.

vertreiben (A) (ein Produkt auf den Markt bringen, ein Produkt verkaufen / absetzen)
Vertrieb (m) (Sg.) (Absatz von Gütern und Dienstleistungen)
Vertriebsabteilung (f) (-en)
Vertriebsleiter (m) (-) / Vertriebsleiterin (f) (-nen)
Vertriebsleitung (f) (Sg.)
Vertriebsweg (m) (-e)

4.4.2. Absatzwege

Absatz (m) (Sg.)
direkter vs. indirekter Absatz

Absatzkette (f) (-n) (z.B. Hersteller > Großhändler > Einzelhändler > Endabnehmer)
Absatzweg (m) (-e) (= Vertriebsweg)

Distribution (f) (Sg.)
Distributionskette (f) (-n)

Endverbraucher (m) (-) / Endverbraucherin (f) (-nen)

Erzeuger (m) (-) (= Produzent (m) (-en, -en) / Produzentin (f) (-nen)
    Erzeugungsbetrieb (m) (-e) (= Produktionsbetrieb (m) (-e))

Verbraucher (m) (-) / Verbraucherin (f) (-nen) (= Konsument (m) (-en, -en) / Konsumentin (f) (-nen))
    Endverbraucher (m) (-) / Endverbraucherin (f) (-nen)
    Kleinverbraucher (m) (-) / Kleinverbraucherin (f) (-nen)

Weiterverarbeiter (m) (-)

4.4.3. Handelsformen

Diskonthaus (n) ("er) (auch: Discounter (m) (-))
Discount-Laden (m) (")
Discounter (m) (-)

Einkaufszentrum (n) (-tren)

Einzelhandel (m) (Sg.): Ladenhandel vs. Versandhandel
    Einzelhändler (m) (-) / Einzelhändlerin (f) (-nen)

Geschäft (n) (-e)
    Fachgeschäft
    Filialgeschäft
    Gemischtwarengeschäft
    Selbstbedienungsgeschäft (n) (-e)

Großhandel (m) (Sg.): Spezialgroßhandel vs. Sortimentsgroßhandel
    Großhändler (m) (-) / Großhändlerin (f) (-nen)

Großmarkt (m) ("e)

Handel (m) (Sg.)
    Einzelhandel vs. Großhandel
    Versandhandel

    Handelsbetrieb (m) (-e): Binnenhandelsbetrieb vs. Außenhandelsbetrieb
        Außenhandelsbetrieb
        Binnenhandelsbetrieb: Großhandelsbetrieb vs. Einzelhandelsbetrieb

Kaufhaus (n) ("er)

Konsumgenossenschaft (f) (-en)

Ladenhandel (m) (Sg.): Fachgeschäft vs. Filialgeschäft vs. Gemischtwarengeschäft vs. Kaufhaus vs. Konsumgenossenschaft vs. Warenhaus

Supermarkt (m) ("e)

Tante-Emma-Laden (m) (")

Verbrauchermarkt (m) ("e)

Verkaufsniederlassung (f) (-en)

Warenhaus (n) ("er)
    Selbstbedienungswarenhaus (n) ("er)

4.4.4. Absatzmittler
Absatzmittler (m) (-): Reisende und Handelsvertreter vs. Kommissionäre vs. Makler

Alleinimporteur (m) (-e) (als Vertragshändler tätiger Importeur)

Händler (m) (-) / Händlerin (f) (-nen)
    Eigenhändler
    Vertragshändler
        Autovertragshändler

Kommissionär (m) (-e) / Kommissionärin (f) (-nen)
    Einkaufskommissionär
    Verkaufskommissionär

Kommissionsgeschäft (n) (-e)

Kommissionslager (n) (-)

Kommittent (m) (-en, -en) (Auftraggeber des Kommissionärs)

Konsignant (m) (-en, -en)

Konsignatar (m) (-e) (im Außenhandel tätiger Verkaufskommissionär)

Konsignationsgeschäft (n) (-e) (Kommissionsgeschäft im Außenhandel)

Konsignationslager (n) (-)

Konsignationsware (f) (-n)

Makler (m) (-) / Maklerin (f) (-nen)
Handelsmakler vs. Zivilmakler
Handelsmakler: Frachtenmakler
Schiffsmakler
Versicherungsmakler
Warenmakler
Wertpapiermakler (= Effektenmakler, Börsenmakler)
Zivilmakler: Grundstücksmakler (= Immobilienmakler)
Konzertvermittler
Theatervermittler
Wohnungsmakler

Reisende (m/f) (-n) (Absatzmittler des direkten Absatzweges)

Vertreter (m) (-) / Vertreterin (f) (-nen)
Alleinvertreter (Handelsvertreter mit alleinigem Vertretungsrecht in einem bestimmten Gebiet)
Auslandsvertreter (Absatzmittler im Ausland)
Handelsvertreter (Absatzmittler des indirekten Absatzweges)
einen Handelsvertreter anstellen
eine Handelsvertreterin einsetzen
Schifffahrtsvertreter
Transportvertreter
Versicherungsvertreter
Warenvertreter

4.4.5. Güterverkehr

Dokument (n) (-e) Zu den Dokumenten im Außenhandel zählen u.a. die Handelsrechnung, das Konnossement und das Ursprungszeugnis.

Fracht (f) (-en)

Frachtbrief (m) (-e)
Frachtführer (m) (-)
Frachtvertrag (m) ("e)

Incoterm (m) (-s, -s) (International Commercial Terms) (Lieferbedingungen)
(z.B. Ab Werk; Kosten und Fracht; Kosten, Versicherung und Fracht)

Konnossement (n) (-e)
Bordkonnossement
reines vs. unreines Bordkonnossement

lagern (A)
Lagerung (f) (Sg.)

Lagerhalter (m) (-)
Lagerhaltung (f) (Sg.)

spedieren (A) (= transportieren (A))
Spediteur (m) (-e)
Spedition (f) (-en)

transportieren (A)
Transport (m) (-e)
Transportmittel (n) (-)

Ursprungszeugnis (n) (-se)
ein Ursprungszeugnis ausstellen

Verkehr (m) (Sg.)
Güterverkehr
Güterverkehr in der Luft
Güterverkehr zu Land
Güterverkehr zu Wasser
Binnenschiff-Güterverkehr vs. Seeschiff-Güterverkehr
Lastkraftwagen-Güterverkehr
Luftgüterverkehr
Schienenverkehr
Straßenverkehr

verladen (A)

Verladung (f) (Sg.)
die Verladung auf ein Schiff

Versand (m) (Sg.)
Versandpapier (n) (-e) Zu den Versandpapieren gehören z.B. der Frachtbrief, das Konnossement und die Paketkarte.

4.4.6. Vertrieb im Ausland

Export (m) (-e) (= Ausfuhr (f) (-en))
Direktexport

Exporteur (m) (-e)
Exportfirma (f) (-men)
Exportmakler (m) (-) / Exportmaklerin (f) (-nen)
Exportmittler (m) (-) (z.B. Auslandsvertreter)

Franchise (f)
Franchising (n) (-s) (Sg.)

Franchisegeber (m) (-) vs. Franchisenehmer (m) (-)
Franchisenehmer (m) (-)
Franchiseunternehmen (n) (-)
Franchisevertrag (m) ("e)

Joint Venture (n) (-s)

Lizenz (f) (-en)
eine Lizenz kaufen vs. verkaufen

Lizenzgeber (m) (-)
Lizenznehmer (m) (-)

Verkaufsniederlassung (f) (-en)

5. Bank- und Börsenwesen, Zahlungsverkehr und Währung

(Zusammenstellung: Ulrich Scheck)

5.1. Bankwesen

5.1.1. Deutsche Bundesbank

Bank (f) (-en)
    Bundesbank (-en)
        Deutsche Bundesbank (Sg.)
        Bundesbankgesetz (n) (Sg.)

    Banknote (f) (-n)
        Banknoten ausgeben das Recht haben, Banknoten auszugeben

beleihen (A)
    Beleihung (f) (Sg.) Beleihung von Wertpapieren

Diskont (m) (Sg.) (Zinsabzug bei Wechseln)
    Diskontgeschäft (n) (-e)
    Diskontpolitik (f) (Sg.)
    Diskontsatz (m) (Sg.) Der Diskontsatz ist der Zinssatz für Wechsel.
        den Diskontsatz / die Höhe des Diskontsatzes festlegen

Geld (n) (-er)
    Geldmarkt (m) ("e)
        den Geldmarkt steuern
            Steuerung des Geldmarkts (durch die Bundesbank)
    Geldmenge (f) (-n)
        umlaufende Geldmenge
        Geldmengenwachstum (n) (Sg.)
    Geldpolitik (f) (Sg.)
        die Geldpolitik bestimmen

kaufen (A)
    ankaufen (A)
        Ankauf (m) Ankauf von Wechseln und Wertpapieren

kontrollieren die Versorgung der Kreditinstitute mit Zentralbankgeld kontrollieren

Kredit (m) (-e)
    Kreditschöpfung (f)

Leitzins (m) (-en)   Leitzinsen: Diskontsatz und Lombardsatz

Lombardkredit (m) (-e)
Lombardsatz (m) (Sg.) Der Lombardsatz liegt gewöhnlich über dem Diskontsatz.

Mindestreserve (f) (-n)
    Mindestreservenpolitik (f) (Sg.)

Notenbank (f) (-en)

Offenmarkt (m)
    Offenmarktgeschäft (n) (-)
    Offenmarktpolitik (f) (Sg.)

Organ (n) (-e)   Organe der Bundesbank

Refinanzierung (f) (Sg.)
    Refinanzierungspolitik (f) (Sg.)

Richtlinie (f) -n
    die Richtlinien der deutschen Währungspolitik festlegen

Schatzanweisung (f) (-en)
Schatzbrief (m) (-e)
Schatzwechsel (m) (-)

Stabilität (f) (Sg.)
    die Stabilität der Währung sichern

steuern (A)
    den Geldmarkt (durch Offenmarktgeschäfte) steuern
    die umlaufende Geldmenge steuern

    Steuerung (f) (Sg.)
        Steuerungsinstrument (n) (-e)

versorgen (A) (mit etwas)

die Kreditinstitute mit Zentralbankgeld versorgen

Versorgung (f) (Sg.)

verwalten (A)
die Währungsreserven verwalten

Währung (f) (-en)

Wechselkurs (m) (-e)
Wechselkurspolitik (f) (Sg.)

Weisung (f) (-en)	Die Bundesbank ist von Weisungen der Bundesregierung unabhängig.

Wertpapier (n) (-e)
Wertpapierpensionsgeschäft (n) (-e)

Zentralbank (f) (-en)

Zentralbankrat (m) (Sg.)	Mitglieder des Zentralbankrats sind das Direktorium der Bundesbank und die Präsidenten der Landeszentralbanken.

Zentralbankgeld (n) (Sg.)

5.1.2. Geschäftsbanken / Kreditinstitute

5.1.2.1. Arten von Geschäftsbanken / Kreditinstituten

Bank (f) (-en)
Genossenschaftsbank
genossenschaftliche Zentralbank
Geschäftsbank
private Geschäftsbanken vs. öffentlich-rechtliche Kreditinstitute (Sparkassen und ihre Girozentralen) vs. genossenschaftliche Kreditinstitute (Volks- und Raiffeisenbanken und deren Zentralbanken)
Hypothekenbank
Kreditbank
Privatbank
Raiffeisenbank
Volksbank

Universalbank vs. Spezialbank

Bankenaufsicht (f) (Sg.)

Genossenschaft (f) (-en)
genossenschaftlich genossenschaftliche Kreditinstitute

Girozentrale (f) (-n) (= Landesbank)

öffentlich-rechtlich vs. privat
öffentlich-rechtliche Kreditinstitute (Sparkassen)
private Geschäftsbanken

Sparkasse (f) (-en)
Bausparkasse
Kreissparkasse
Postsparkasse
Stadtsparkasse

Träger (m) (-)
Trägerschaft (f)

Zweigstelle (f) (-n)

5.1.2.2. Funktionen und Dienstleistungen von Geschäftsbanken

abwickeln (A)
Abwicklung (f) (Sg.) Abwicklung des Zahlungsverkehrs

Bank (f) (-en)
Bankangestellte (m/f) (-n)
Bankbeamte (m) (-n) / Bankbeamtin (f) (-nen)
Bankfiliale (f) (-n)
eine Bankfiliale leiten
Bankgeheimnis (n) (-se)
das Bankgeheimnis hüten
Bankgeschäft (n) (-e)
Bankgeschäfte abwickeln (= machen)
Bankgesetz (n) (-e)
Bankhaus (n) ("er)

Bankkassierer (m) (-) / Bankkassiererin (f) (-nen)
Bankkonto (n) (-ten)
ein Bankkonto haben
ein Konto auf der Bank haben
Bankleitzahl (f) (-en) (=BLZ)
Banknote (f) (-n)
Banknotenumlauf (m) (Sg.)
Bankprovision (f) (-en)

Banker (m) (-) (= Bankier (m), (-s))

Bundesschatzbrief (m) (-e) Bundesschatzbriefe sind bei Banken und Sparkassen erhältlich.

Darlehen (n) (-)
ein Darlehen aufnehmen
ein Darlehen zurückzahlen

Dauerauftrag (m) ("e)
der Bank einen Dauerauftrag erteilen

Devise (f) (-n)
Devisenabteilung (f) (-en)
Devisengeschäft (n) (-e)
Devisengeschäfte durchführen

Einlage (f) (-n)
Spareinlage
Termineinlage

Einlagengeschäft (n) (-e)

fällig
Fälligkeitsdatum (n) (-en)

Finanzen (Pl.)
Finanzberatung (f) (Sg.)
Finanzpolitik (f) (Sg.)

finanzieren

ein Auto / ein Bauvorhaben finanzieren

Finanzierung (f) (Sg.)

Gebühr (f) (-en)
Gebühren erheben Die Bank erhebt Gebühren von den Kunden.

Bearbeitungsgebühr (f) (-en)

Geld (n) (-er)
Geld abheben
Geld anlegen
sein Geld gut / schlecht anlegen
Geldanlage (f) (-n)
Geld auf der Bank haben
Geld einzahlen
Geld umtauschen (= Geld wechseln)

Geldschein (m) (-e)
Geldverkehr (m) (Sg.)
Geldwert (m) (Sg.) vs. Sachwert

Geschäft (n) (-e)
Bankgeschäft
Devisengeschäft
Einlagengeschäft
Kreditgeschäft

Geschäftsvolumen (n) (Sg.)

Gläubiger (m) (-) vs. Schuldner (m) (-)

Guthaben (n) (-)

gutschreiben
dem Konto des Gläubigers einen Betrag gutschreiben

Gutschrift (f) (-en) vs. Lastschrift (f) (-en)

Hypothek (f) (-en)

eine Hypothek abzahlen
eine Hypothek aufnehmen
etwas mit einer Hypothek belasten

Investmentzertifikat (n) (-e)

Kapital (n) (Sg.)
Kapitalverkehr (m) (Sg.)

Kasse (f) (-n)

kaufen (A)
ankaufen (A) vs. verkaufen (A)
Ankauf (m) von Edelmetallen, von Wechseln
verkaufen (A)
Verkauf (m) (Sg.) Verkauf von Wertpapieren

Konto (n) (-ten)
ein Konto aufmachen
ein Konto einrichten
einen Betrag auf ein Konto einzahlen
ein Konto eröffnen
ein Konto schließen
ein Konto sperren
ein Konto überziehen

Girokonto
Sparkonto

Kontoauszug (m) ("e) (= Bankauszug (m) ("e))
Kontonummer (f) (-n)
Kontostand (m) (Sg.)

Kredit (m) (-e)
langfristiger vs. kurzfristiger Kredit

einen Kredit aufnehmen
Kreditaufnahme (f) (Sg.)
einen Kredit beantragen
jdm. einen Kredit gewähren

Gewährung (f) (Sg.) von Kredit
einen Kredit kündigen
(die Wirtschaft) mit Kredit versorgen
Kreditversorgung (f) (Sg.)
einen Kredit (in Raten) zurückzahlen

Dispositionskredit
Hypothekarkredit
Investitionskredit
Kontokorrentkredit
Produktivkredit

Kreditabteilung (f) (-en)
Kreditgeber (m) (-) vs. Kreditnehmer (m) (-)
Kreditgenossenschaft (f) (-en)
Kreditgeschäft (n) (-e)
Kreditinstitut (n) (-e)
Kreditkarte (f) (-n)
Kreditkarteninhaber (m) (-) / Kreditkarteninhaberin (f) (-nen)
Kreditschöpfung (f)
Kreditwesen (n) (Sg.)

kreditwürdig sein
Kreditwürdigkeit (f) (Sg.) (= Bonität (f))

Lastschrift (f) (-en) vs. Gutschrift (f) (-en)

Laufzeit (f) (eines Darlehens)

Münze (f) (-n)

Pfandbrief (m) (-e)
Pfandbriefe ausgeben
Ausgabe von Pfandbriefen und Kommunalobligationen

Quittung (f) (-en)
eine Quittung ausstellen

Rate (f) (-n)
in Raten zahlen

Ratenzahlung (f) (-en)

Schalter (m) (-)
sich am Schalter anstellen

Schalterbeamte (m) (-n) / Schalterbeamtin (f) (-nen)

Schein (m) (-e)
Geldschein (m) (-e)

Schulden (Pl.)

Schuldner (m) (-) vs. Gläubiger (m) (-)

Sorten (Pl.) (ausländische Münzen und Banknoten)

sparen
Geld sparen
Geld für ein Haus sparen

Sparabteilung (f) (-en)
Sparbuch (n) ("er)
Spareinlage (f) (-n)
Sparguthaben (n) (-)
Sparkonto (n) (-ten)

überweisen
einen Betrag überweisen
Überweisung (f) (-en)

Unterschriftskarte (f) (-n)

Rentenwerte (Pl.)

Verrechnungseinheit (f) (-en) (z.B. der ECU)

Wertpapier (n) (-e)
Wertpapiere beleihen
Beleihung (f) von Wertpapieren

Wertpapiergeschäft (n) (-e)
Wertpapiergeschäfte durchführen

zahlen (A)
auszahlen (A) vs. einzahlen (A)   Geld einzahlen
sich von der Bank einen Betrag auszahlen lassen
Auszahlung (f) (-en) vs. Einzahlung (f) (-en)

Zins (m) (-en)
Zinsen berechnen
Zinsen bringen
Zinsen erhöhen (vs. senken)
die Zinsen fallen vs. die Zinsen steigen
Zinsen tragen (= bringen)

Zinseszins

Zinsbelastung (f) (-en)
Zinsertrag (m) ("e)
Zinsfuß (m) (Sg.)
Zinsgewinn (m) (-e)
Zinsgutschrift (f) (-en)
Zinssatz (m) ("e)
den Zinssatz senken / herabsetzen vs. den Zinssatz erhöhen

zinslos
zinsloser Kredit
einen zinslosen Kredit gewähren

Zweigstelle (f) (-n)

5.2. Börsenwesen

5.2.1. Börsenarten

Börse (f) (-n)
Auktionsbörse
Deutsche Börse AG (f)
Devisenbörse
Dienstleistungsbörse

Effektenbörse
Handelsbörse
Kassabörse
Produktenbörse
Terminbörse
Deutsche Terminbörse (DTB)
Warenterminbörse
Warenbörse
Wertpapierbörse

5.2.2. Funktionen und Dienstleistungen von Börsen

Aktie (f) (-n)
Stammaktie
Vorzugsaktie

Aktiengesellschaft (f) (-en) (AG)
Aktienindex (m) (Sg.)
Deutscher Aktienindex (DAX)
Aktienmarkt (m) ("e)
auf dem Aktienmarkt spekulieren

Aktionär (m) (-e)

anlegen (A)
Geld anlegen

Anleger (m) (-) / Anlegerin (f) (-nen)
Anlage (f) (-n) (= die Investition)
Geldanlage (f) (-n)
Anlagemöglichkeit (f) (-en)

Anleihe (f) (-n)
öffentliche Anleihe

Bundesanleihe
Optionsanleihe
Staatsanleihe

Arbitrage (f) (Sg.)

Baissemarkt (m) vs. Haussemarkt (m)

Basispreis (m) (-e)

Basiswert (m) (-e)

Börse (f) (-n)
    die feste Börse
    die flaue Börse

    Börsenaufsicht (f) (Sg.)
    Börsenausschuss (m) ("e)
    Börsenbericht (m) (-e)
    Börsengang (m) (Sg.)   der Börsengang der Telekom
    Börsengesetz (n) (-e)
    Börsengeschäft (n) (-e)
    Börsenhandel (m) (Sg.)
    Börsenmakler (m) (-) / Börsenmaklerin (f) (-nen)
    Börsenmitglied (n) (-er)
    Börsenplatz (m) ("e)
    Börsenrat (m) (Sg.)
    Börsensaal (m) (-säle)
    Börsenschluss (m) ("e)
    Börsenvorstand (m) ("e)
    Börsenzusammenbruch (m) ("e)

    Computerunterstütztes Börsenhandels- und Entscheidungssystem (CUBE)
    Integriertes Börsenhandels- und Informationssystem (IBIS)

    börsenfähig
    börsengängig

Broker (m) (-)
    Brokerfirma (f) (-men)

Courtage (f) (Sg.)

Dividende (f) (-n) (= Gewinnanteil (m) (-e) einer Aktie)
    Dividenden ausschütten
    Dividendenpapier (n) (-e)

Effekten (Pl.)
Effektenberater (m) (-) / Effektenberaterin (f) (-nen)
Effektenhändler (m) (-) / Effektenhändlerin (f) (-nen)

Finanzmarkt (m) ("e)

Kassageschäft (n) (-e)

Kaufoption (f) (-en)

Kurs (m) (-e)
der amtliche Kurs (= die amtliche Notierung)

die Kurse ziehen an
auf die Kurse drücken

Briefkurs
Einheitskurs
Geldkurs

Kursanstieg (m) (Sg.)
Kursbildung (f) (-en)
Kursfeststellung (f) (-en)
Kursmakler (m) (-) / Kursmaklerin (f) (-nen)
Kursschwankung (f) (-en)
Kursverlust (m) (-e)
Kurswert (m) (-e) vs. Nennwert (m) (-e)

kurzfristig vs. langfristig

Makler (m) (-) / Maklerin (f) (-nen)
Maklerfirma (f) (-men)
Maklergebühr (f) (-en)
Maklerprovision (f) (-en)

Nennwert (m) (-e) vs. Kurswert (m) (-e)

Notierung (f) (-en)

Obligation (f) (-en)
Industrieobligation

Option (f) (-en)
  Optionsgeschäft (n) (-e)
  Optionshandel (m) (Sg.)
  Optionskurs (m) (-e)

Parkett (n) (Sg.) auf dem Parkett

Pfandbrief (m) (-e)

Rendite (f) (-n)

Rente (f) (-n)
  Deutscher Rentenindex (m) (REX)
  Rentenpapier (n) (-e)

Schuldverschreibung (f) (-en)

Spekulationsgeschäft (n) (-e)

Termingeschäft (n) (-e)

Wertpapier (n) (-e)
  festverzinsliche Wertpapiere
  Wertpapierhandel (Sg.)

Zerobond (m) (-s)

5.3. Geld- und Zahlungsverkehr (inkl. Zahlungsarten, -mittel und -bedingungen)

Akkreditiv (n) (-e)
  Dokumentenakkreditiv
    bestätigtes vs. unbestätigtes Dokumentenakkreditiv
    widerrufliches vs. unwiderrufliches Dokumentenakkreditiv

Akzept (n) (-e) (Unterschrift des Bezogenen auf dem Wechsel; vom Bezogenen unterschriebener Wechsel)
  Bankakzept

Anweisung (f) (-en)

Auftrag (m) ("e)
    einen Auftrag ausführen
    jdm. einen Auftrag erteilen vs. einen Auftrag ausführen

    Abbuchungsauftrag
    Dauerauftrag
    Einziehungsauftrag (= Einzugsermächtigung (f) (-en))

bar vs. halbbar vs unbar (= bargeldlos)
    bar bezahlen (A)
    bar einzahlen (A)

    Bareinzahlung (f) (-en)
        eine Bareinzahlung machen
    Bargeld (n) (Sg.)
        bargeldlos (= unbar)

Beleg (m) (-e)

berechnen (A)
    Gebühren berechnen

betragen
    Betrag (m) ("e)
        einen Betrag abheben
        einen Betrag einzahlen
        einen Betrag überweisen

buchen (A)
    Buchung (f) (-en)

    abbuchen (A)
        einen Betrag vom Konto abbuchen
    verbuchen (A)

Chipkarte (f) (-n)	Auf einer Chipkarte ist ein Geldbetrag gespeichert, mit dem man an entsprechenden Kassen zahlen kann.

Dokumente (Pl.) gegen Akzept

Inkasso (n) (Sg.) (Einziehung von fälligen Forderungen)
Inkassogeschäft (n) (-e)

Kasse (f) (-n)
Kasse gegen Dokumente
Sofortkasse
Kauf gegen Sofortkasse
Vorauskasse (= Vorauszahlung (f) (-en))
Kauf gegen Vorauskasse

Kreditkarte (f) (-n)

Liquidität (f) (Sg.)

mahnen (A)
Mahnung (f) (-en)

Mahnbescheid (m) (-e) vs. Vollstreckungsbescheid (m) (-e)
Mahnverfahren (n) (-)
gerichtliches Mahnverfahren

Nachnahme (f) (-n)
Postnachnahme

Preisnachlass (m) ("e) Zu den Preisnachlässen gehören das Skonto, der Rabatt und der Bonus.)
einen Preisnachlass gewähren

Rabatt (m) (-e)
Mengenrabatt
Saisonrabatt
Treuerabatt
Wiederverkäuferrabatt

Rechnung (f) (-en)
eine Rechnung begleichen (= bezahlen)

Scheck (m) (-s)
    gedeckter vs. ungedeckter Scheck

    einen Scheck ausstellen
    einen Scheck einlösen
    einen Scheck unterschreiben

    Bankscheck
    Barscheck
    Eurocheque (m) (-s, -s)
        Eurocheque-Karte (f) (-n)
    Postscheck
    Verrechnungsscheck

    Scheckbuch (n) ("er)
    Scheckkarte (f) (-n)

Skonto (n) (-s, -s/-ti)

Überweisung (f) (-en)
    Banküberweisung
    Postüberweisung

Wechsel (m) (-)
    gezogener Wechsel (= Tratte (f) (-n))
    ungedeckter Wechsel

    einen Wechsel akzeptieren
    Wechsel ankaufen
        Ankauf von Wechseln
    einen Wechsel ausstellen
        Aussteller (m) (-) (eines Wechsels) vs. Bezogener
    einen Wechsel diskontieren
    der Wechsel ist fällig (am ...)
    einen Wechsel honorieren
    der Wechsel verfällt
    einen Wechsel vorlegen
    einen Wechsel auf jdn. ziehen
        Bezogene (m/f) (-n)

    Wechselzins (m) (-en) (= Diskont (m))

zahlen (A)

- bar / in bar zahlen (= bezahlen)
- bargeldlos zahlen (= bezahlen)
- durch Anweisung zahlen (= bezahlen)
- in Raten zahlen (= bezahlen)
- mit einem Scheck zahlen (= bezahlen)
- Schulden zahlen (= bezahlen)

- Zahlung (f) (-en) Zahlung des Rechnungsbetrags
  - Zahlung durch unwiderrufliches und bestätigtes Dokumentenakkreditiv

  - die Zahlung erfolgt (sofort nach Eingang der Ware)
  - etwas in Zahlung geben (vs. nehmen)
  - eine Zahlung leisten

  - Anzahlung
    - eine Anzahlung leisten
  - Barzahlung
  - Ratenzahlung (Zahlung in Raten)
  - Teilzahlung
  - Vorauszahlung

  - Zahlungsart (f) (-en)
  - Zahlungsbedingung (f) (-en)
    - die Zahlungsbedingungen lauten
  - Zahlungsempfänger (m) (-) / Zahlungsempfängerin (f) (Sg.)
  - Zahlungsform (f) (-en)
  - Zahlungsmittel (n) (-)
  - Zahlungsverkehr (m) (Sg.)
    - bargeldloser Zahlungsverkehr
    - den Zahlungsverkehr abwickeln
      - Abwicklung (f) (Sg.) des Zahlungsverkehrs

  - Zahlschein (m) (-e)

  - bezahlen (A)
    - die Rechnung bezahlen (= begleichen)
    - die Ware bezahlen
    - Bezahlung (f) (Sg.)

5.4. Währungspolitik, Leitwährungen, Wechselkurssicherung

abwerten (A) vs. aufwerten (A)
  Abwertung (f) (Sg.) vs. Aufwertung (f.) (Sg.)   die Aufwertung (einer Währung)

Bandbreite (f) (-n)   die Bandbreite gegenüber dem US-Dollar

D-Mark (f) (Sg.)
  Wie steht die D-Mark?

Floating (n) (Sg.) (freie Wechselkurse)

Gold (n) (Sg.)
  Goldstandard (m) (Sg.)

konvertieren (A)
  konvertibel
    Konvertibilität (f) (Sg.)
      freie Konvertibilität vs. Devisenbewirtschaftung (f) (Sg.)
  konvertierbar (konvertierbare Währung)

leiten (A)
  Leitkurs (m) (-e)
  Leitwährung (f) (-en)

schwanken
  Die Währungskurse schwanken.

  Schwankung (f) (-en)
    Wechselkursschwankung

stabil
  stabile Währung
  Stabilität (f) (der Währung)
    Stabilitätspolitik (f) (Sg.)

  stabilisieren (A)   die Währung stabilisieren

Währung (f) (-en)
    frei konvertierbare Währung

    Leitwährung
    Reservewährung

    Währungseinheit (f) (-en)
        Europäische Währungseinheit (f) (ECU (m))
    Währungskorb (m) (Sg.)
    Währungspolitik (Sg.)
        währungspolitisch
            währungspolitische Entscheidung
    Währungsreserve (f) (-n)
    Währungsstabilität (f) (Sg.)
    Währungssystem (n) (-e)
        Europäisches Währungssystem (EWS)

wechseln
    Wechselkurs (m) (-e)
        feste vs. flexible Wechselkurse
        Wechselkurssicherung (f) (Sg.)
    Wechselstube (f) (-n)

6. Wirtschaftsgeographie der Bundesrepublik Deutschland

(Zusammenstellung: Ursula Sherman)

6.1. Geographische Struktur der BRD

Agrarfläche (f) (-n)
Agrarsektor (m) (-en)
Agrarwirtschaft (f) (Sg.)

Alpen (Pl.)
  Hochalpen
  Alpenland (n) ("er)
    Alpenvorland (n) (Sg.)

anbauen (A) Gemüse anbauen
  Anbau (m) (Sg)
    Gemüseanbau
    Getreideanbau
    Obstanbau

    Anbaugebiet (n) (-e) Die Niederrheinebene ist ein Anbaugebiet für Gemüse.

ansiedeln

Areal (n) (-e)

Badeort (m) (-e) Badeorte sind Zentren des Fremdenverkehrs.

Bauer (m) (-n, -n)

bebaut vs. unbebaut Immer mehr freies Land wird bebaut.

Berg (m) (-e)
  Bergland (n) Süddeutschland besteht zum großen Teil aus Bergland.

bewirtschaften (A) Der Boden wird intensiv bewirtschaftet.
  Bewirtschaftung (f) (Sg.)

binnen
Binnengewässer (n) (-)
Binnenhafen (m) (")
Binnenhandel (m) (Sg.)
Binnenmarkt (m) ("e)

Boden (m) (-)
fruchtbarer vs. unfruchtbarer Boden
Bodenfläche (f) (-en)
drei Hektar Bodenfläche

Bucht (f) (-en)

Bundesland (n) ("er) Die BRD besteht aus 16 Bundesländern.

Dauergrünland (n) (Sg.)Einige Gebiete sind als Dauergrünland designiert.

Deponie (f) (-en)
Mülldeponie (f) (-en)

durchschnittlich (= im Durchschnitt)
überdurchschnittlich vs. unterdurchschnittlich
Durchschnittstemperatur (f) (-en)
Durchschnittsverkehr (m) (Sg.)

Ebene (f) (-n) (= Flachland (n))
Tiefebene Norddeutsche Tiefebene

einheimisch
einheimische Produkte (= Produkte, die im eigenen Land hergestellt werden)

entsorgen (A)
Entsorgung (f) (Sg)
Müllentsorgung (= Abfallentsorgung)

Entwicklung (f) (-en)
die Entwicklung fördern

Erholung (f) (Sg.)
Erholungsanlage (f) (-n)

Erholungsraum (m) ("e)
Naherholungsgebiet (n) (-e)

erschließen (D, A)
ein Gebiet dem Fremdenverkehr erschließen (= für den Fremdenverkehr erschließen)
Erschließung (f) (Sg)
Erschließungsstrategie (f) (-n)

Festland (n) (Sg.) vs. Meer (n) (-e)

Flachland (n) (Sg.) (= Ebene (f) (-n))

Fläche (f) (-n)
Agrarfläche (= landwirtschaftliche Nutzfläche)
Nutzfläche (= diese Fläche wird wirtschaftlich genutzt)
Gewerbefläche (= diese Fläche wird für einen Betrieb genutzt)

Flächenpotential (n) (Sg)

flächenmäßig (= im Verhältnis zur Fläche)
großflächig eine großflächige Anlage

fließen
Fluss (m) ("e)

Fremdenverkehr (m) (Sg.)
Fremdenverkehrsraum (m) ("e)
Fremdenverkehrsinfrastruktur (f) (Sg.)
Fremdenverkehrswirtschaft (f) (Sg.)

fruchtbar vs. unfruchtbar
fruchtbarer Boden

Gebiet (n) (-e) (= Region (f) (-en), Gegend (f) (-en))
Agrargebiet (= Agrarregion (f), Ackerbaugebiet (n))
Ballungsgebiet
Erholungsgebiet
Freizeitgebiet
Gewerbegebiet
Grenzgebiet

Industriegebiet
Schwerindustriegebiet
Kohlegebiet
Waldgebiet

Gebirge (n) (-)
Mittelgebirge
Hochgebirge

Gefälle (n) (-)
Nord-Süd-Gefälle (n) (Sg.)
West-Ost-Gefälle (n) (Sg.) Seit der Wiedervereinigung spricht man von einem West-Ost-Gefälle.

Gelände (n) (Sg)
Erholungsgelände (n)

gemäßigt vs. extrem das gemäßigte Klima Deutschlands

Geographie (f) (Sg)
geographisch
Wirtschaftsgeographie

Gewerbe (n) (-) (= Unternehmen (n) (-), Firma (f) (-men))
gewerblich
Gewerbestandort (m) (-e)

Grenze (f) (-n)
Landesgrenze

Grenzkontrolle (f) (-n)
Grenzübergang (m) ("e)

angrenzen an (A) Die Stadt grenzt an ein Gewerbegebiet an.

Großraum (m) ("e) der Großraum München

Grund (m) (Sg.)
Grund und Boden (m)

Grundfläche (f) (-n)

Grundsteuer (f) (-n) Wie hoch ist die Grundsteuer?
Grundstück (n) (-e) (= ein Stück Land)

Handel (m) (Sg.)
Handelsnetz (n) (-e)
Handelsplatz (m) ("e)
Handelszentrum (n) (-tren)

Hektar (n, auch m) (Abkürzung: ha)

Herkunft (f) (Sg.)
Herkunftsland (n)
Herkunftsmarkt (m)

Industrie (f) (-n)
Industriestadt (f) ("e)
Industriepark (m) (-s) Im Industriepark gibt es viele Gewerbebetriebe.
Industrieschwerpunkt (m) (-e)

industriell

Inland (n) (Sg.) vs. Ausland (n) (Sg.)

Insel (f) (-n)

Klima (n) (-s)
klimabedingt
klimatisch

Küste (f) (-n)
Küstenland (n) (Sg.)
Küstenregion (f) (-en)
Küstenschifffahrt (f) (Sg.)

Lage (f) (-n)
eine günstige vs. ungünstige Lage

Landgebiet (n) (-e) (= hier gibt es keine Industrie)

ländlich

Landnutzung (f) (Sg)

Landschaft (f) (-en)
  landschaftlich

  Landschaftsbild (n) (-er)
  Landschaftsraum (m) ("e)

Landwirtschaft (f) (Sg.)
  landwirtschaftlich
    landwirtschaftliche Nutzfläche   Die landwirtschaftliche Nutzfläche ist klein.
    landwirtschafliche Produkte

liegen   Industrie und Landwirtschaft liegen nahe beieinander.

Meer (n) (-e)
  Meeresspiegel (m) (Sg)
  über vs. unter dem Meeresspiegel (= höher oder tiefer als das Meer)
  Meerlage (f) (Sg.) (= ganz nahe am Meer)

münden in (A)   Der Rhein mündet in die Nordsee.
  Mündung (f) (-en)

Natur (f) (Sg)
  naturnahe vs. naturfremd

Nachbar (m) (-n, -n)
  Nachbarland (n) ("er)

Niederschlag (m) ("e)
  Niederschlagsmenge (f) (-n)
  niederschlagsbedingt

Norden (m) (Sg.) / Osten (m) (Sg.) / Süden (m) (Sg.) / Westen (m) (Sg.)
  nördlich / östlich / südlich / westlich

nutzen (A)
  genutzt vs. ungenutzt
  ungenutzt vs. übernutzt

Nutzung (f) (Sg)
Intensivnutzung vs. Extensivnutzung
Umnutzung

Ökologie (f) (Sg)
ökologisch

prägen (A) eine Landschaft prägen

Quadratmeter (m) (-)
Quadratkilometer (m) (-)

Raum (m) ("e) (= Gebiet (n) (-e))
räumlich
sich räumlich konzentrieren auf (A)

Region (f) (-en) (= Gebiet (n) (-e))
regional
regionalwirtschaftlich

Ruhrgebiet (n) (Sg.) (= die Gegend an der Ruhr)

Schwerpunkt (m) (-e)
schwerpunktmäßig

See (m) (-n)
Stausee
Speichersee
Seenlandschaft (f) (-en) Mecklenburgs Seenlandschaft

See (f) (Sg)
Seebad (n) ("er) Viele Touristen bevorzugen die Seebäder.

Siedlung (f) (-en) (= eine Gruppe von Häusern)
Wohnsiedlung

Siedlungsfläche (f) (-en) (= der Grund, auf dem Siedlungen stehen oder stehen sollen)
Siedlungsstruktur (f) (-en)

Stadt (f) ("e)

Großstadt vs. Kleinstadt
Handelsstadt
Hauptstadt
Landeshauptstadt — Dresden ist die Landeshauptstadt von Sachsen.

Stadtgebiet (n) (-e)
Stadtstaat (m) (-en) — Hamburg und Bremen sind Stadtstaaten.

Tiefland (n) (Sg.) (= die Ebene)
Tieflandzone (f) (-n) (= das Gebiet der Ebene)

touristisch
eine Gegend touristisch erschließen

treiben (A) mit (D) — Handel treiben mit einem Land
betreiben (A) — Landwirtschaft betreiben

umgeben sein von (D) — Die Stadt ist umgeben von Grünland.

Umland (n) (Sg.)

Umwelt (f) (Sg)
umweltbedingt

umliegend

Wald (m) ("er)
Waldgebiet (n) (-e)

Wasserschutz (m) (Sg)
Wasserschutzgebiet (n) (-e)
wasserwirtschaftlich
wasserwirtschaftliche Auflagen

Weg (m) (-e)
Wegnetz (n) (-e)

Weideland (n) (Sg.) (= Land für die Viehhaltung)

Wiese (f) (-n) (= Grasland (n) (Sg.))

Wiese- und Weideland (n) (Sg.)
Wirtschaft (f) (Sg.)
wirtschaftlich

Wirtschaftsraum (m) ("e)

bewirtschaften (A)

Zoll (m) ("e)
Zollabfertigung (f) (Sg.)   Bei der Zollabfertigung werden Waren verzollt.
Zollabfertigungsstelle (f) (-n)
Zollgebiet (n) (-e)
Zollgrenze (f) (-n)

zollfrei vs. verzollbar

verzollen (A)   Haben Sie etwas zu verzollen?

Zone (f) (-n) (= Gebiet (n) (-e))

6.2. Bevölkerungsstruktur

Altersgliederung (f) (Sg.)

Ausgleichsraum (m) ("e) vs. Ballungsraum (m) ("e)

Ballungsgebiet (n) (-e) vs. Ausgleichsraum (m) ("e)

besiedelt
dicht besiedelt vs. dünn besiedelt sein

Besiedlung (f) (-en)

Bevölkerung (f) (-en)
wachsende vs. stationäre vs. schrumpfende Bevölkerung

Bevölkerungsabnahme (f) (Sg.) vs. Bevölkerungszunahme (f) (Sg.)
Bevölkerungsbewegung (f) (-en)
Bevölkerungsdichte (f) (Sg.)

Bevölkerungsentwicklung (f) (-en)
Bevölkerungsexplosion (f) (-en)
Bevölkerungsrückgang (m) (Sg.)
Bevölkerungswachstum (n) (Sg.)
Bevölkerungszahl (f) (-en)

Einwohner (m) (-)
Einwohnerzahl (f) (-en)

Einzugsgebiet (n) (Sg.) das Einzugsgebiet der Städte

Lebenserwartung (f) (Sg.)
abnehmende vs. zunehmende Lebenserwartung

6.3. Infrastruktur

Autobahn (f) (-en) Der Transport geht über die Autobahnen.
Autobahnanschluss (m) ("e) Wo ist der nächste Autobahnanschluss?

Bahn (f) (-en)
Eisenbahn
Eisenbahnnetz (n) (-e)

befahren (A)
eine Straße befahren
befahren sein vs. unbefahren sein
befahrbar

befördern (A) (= transportieren (A))
Beförderung (f) (Sg.) (= Transport (m) (-e))
Beförderungsmittel (n) (-)

Entfernung (f) (-en)
räumliche Entfernung

Fluss (m) ("e)
auf dem Flussweg
Flusstransport (m) (Sg.)

Hafen (m) (")
    Binnenhafen
    Fischereihafen
    Flughafen
        Flughafenanschluss (m)
    Frachthafen
    Seehafen (= der Hafen am Meer)
    Überseehafen
    Umschlaghafen
    Hafenstadt (f) ("e) Hamburg ist die größte Hafenstadt in Deutschland.

Infrastruktur (f) (Sg.)
    Verkehrsinfrastruktur

Kanal (m) ("e) Der Rhein-Main-Donau-Kanal ist vor kurzem fertig geworden.
    Kanalnetz (n) Neben den natürlichen Flüssen hat Deutschland ein dichtes Kanalnetz für den Gütertransport.

Knotenpunkt (m) (-e) (= ein Zentrum des Verkehrs)
    Eisenbahnknotenpunkt

Netz (n) (-e)
    Eisenbahnnetz
    Straßennetz
    Verkehrsnetz

Schiene (f) (-n)
    Schienennetz (n) (-e)

Schiff (n) (-e)
    schiffbar Die meisten Flüsse Deutschlands sind schiffbar.

Standort (m) (-e)
    Standortanalyse (f) (-n)
        eine Standortanalyse vornehmen
    Standortbestimmung (f) (Sg.)
    Standortfaktor (m) (-en) Zu den Standortfaktoren gehören u.a. infrastrukturelle Vorteile und qualifizierte Arbeitskräfte.

Straße (f) (-n)

Binnenwasserstraße
Bundesstraße
Wasserstraße

Straßennetz (n)

Struktur (f) (-en)
Strukturwandel (m) (Sg.)

Transport (m) (Sg.)
Transport per Lkw (Lastkraftwagen (m) (-))

Gütertransport
Personentransport

Transportkosten (Pl.)
Transportkosten berechnen
Transportkosten einkalkulieren
Transportkosten reduzieren
Transportkosten veranschlagen
Transportweg (m) (-e)

transportieren (A)

Verbindung (f) (-en)
Verkehrsverbindung
Nord-Süd-Verbindung

Verkehr (m) (Sg.)
Binnenverkehr
Eisenbahnverkehr
Flugverkehr
Güterverkehr
Personenverkehr

Verkehrsinfrastruktur (f) (Sg.)
Verkehrsleistung (f) (-en)
Verkehrsmittel (n) (-)
Nahverkehrsmittel

öffentliches Nahverkehrsmittel
Verkehrsnetz (n) (Sg.)
Verkehrsvernetzung (f) (Sg.) (= Viele Verkehrswege werden zusammengebündelt.)
Verkehrsplanung (f) (Sg)
Verkehrsraum (m) ("e)
Verkehrsweg (m) (-e)

Weg (m) (-e)
Binnenweg Der Transport erfolgt auf dem Binnenweg.
Landweg vs. Luftweg vs. Wasserweg
auf dem Landweg
Schienenweg
auf dem Schienenweg (= mit der Bahn)
Wasserweg Ein Fluss oder Kanal ist ein Wasserweg.
auf dem Wasserweg (z.B. etwas auf einem Fluss oder Kanal transportieren)

6.4. Wirtschaftssektoren

Dienstleistungen (Pl.) (= tertiärer Sektor)

Grundstoffindustrie (f) (= primärer Sektor)

Handwerk (n) (Sg.)

Haushalt (m) (-e)
öffentliche vs. private Haushalte

Industrie (f) (-n)

Produktion (f) (Sg.) (= sekundärer Sektor)

Rohstoff (m) (-e) (= unverarbeitetes Material)

Sektor (m) (-en)
primärer vs. sekundärer vs. tertiärer Sektor
primärer Sektor (= Grundstoffindustrie, rohstoffgewinnende Industrie)
Ackerbau (m) (Sg.) Ackerbau und Viehzucht
Agrarwirtschaft (f) (Sg.) (= Landwirtschaft (f) (Sg.))
Bergbau (m) (Sg.)

Bergbau treiben
Erdölförderung (f) (Sg.)
Fischerei (f) (Sg.)
Fischfang (m) (Sg.)
Forstwirtschaft (f) (Sg.) (= Baum- und Holzwirtschaft)
Landwirtschaft (f) (Sg.)
Viehzucht (f) (Sg.) (= Viehhaltung (f) (Sg.))
Weinbau (m) (Sg.)

sekundärer Sektor (= Produktion, verarbeitende / produzierende Industrie)
Anlagenbau (m) (Sg.) (Maschinen- und Anlagenbau)
Automobilindustrie (f) (Sg.)
Bekleidungsindustrie (f) (Sg.) (Textil- und Bekleidungsindustrie)
Chemische Industrie (f) (Sg.)
Eisenindustrie (f) (Sg.) (Eisen- und Stahlindustrie)
Elektrotechnische Industrie (f) (Sg.)
Ernährungsindustrie (f) (Sg.) (Nahrungs- und Genussmittelindustrie (f))
Feinmechanische Industrie (f) (Sg.) (Feinmechanische und Optische Industrie)
Flugzeugbau (m) (Sg.)
Luftfahrtindustrie (f) (Sg.) (Luft- und Raumfahrtindustrie)
Maschinenbau (m) (Sg.) (Maschinen- und Anlagenbau)
Nahrungs- und Genussmittelindustrie (f) (Sg.)
Optische Industrie (f) (Sg.) (Feinmechanische und Optische Industrie)
Raumfahrtindustrie (f) (Sg.) (Luft- und Raumfahrtindustrie)
Schiffbau (m) (Sg.)
Stahlindustrie (f) (Sg.) (Eisen- und Stahlindustrie)
Stromerzeugung (f) (Sg.)
Textilindustrie (f) (Sg.) (Textil- und Bekleidungsindustrie)
Textilverarbeitung (f) (Sg.)

tertiärer Sektor (= Handel und Dienstleistungen)
Banken (hier: Pl.)
Beherbergungsgewerbe (n) (Sg.)
Binnenschifffahrt (f) (Sg.)
Fremdenverkehr (m) (Sg.) (= Tourismus (m))
Gesundheitswesen (n) (Sg.)
Handel (m) (Sg.)
Außenhandel
Einzelhandel
Großhandel

Nachrichtenübermittlung (f) (Sg.)
Tourismus (m) (Sg.) (= Fremdenverkehr (m) (Sg.))
Werbewirtschaft (f) (Sg.)
Versicherungswesen (n) (Sg.)

Staat (m) (-en)
Staat (= öffentliche Haushalte von Bund, Ländern und Gemeinden) vs. private Haushalte vs. Unternehmen

Unternehmen (n) (-)

Wirtschaft (f) (Sg.)
Wirtschaftssektor (m) (-en)
Wirtschaftszweig (m) (-e) (= Branche (f) (-n))

6.5. Wichtige Ein- und Ausfuhrgüter, Bodenschätze

6.5.1. Wichtige Ein- und Ausfuhrgüter

Eisen (n) (-)
Eisen und Stahl
Eisen-, Blech- und Metallwaren

Erdöl (n) (-e)
Erdölprodukt (n) (-e)

Erzeugnis (n) (-se)
chemische Erzeugnisse (z.B. Arzneimittel, Kunststoffe, Kunstdünger)
elektrotechnische Erzeugnisse
optische Erzeugnisse (z.B. Brillen, Ferngläser, Fotoapparate)
Eisenerzeugnisse
Eisen- und Stahlerzeugnisse
Kunststofferzeugnisse
Stahlerzeugnisse

Fahrzeug (n) (-e)
Kraftfahrzeug
Luftfahrzeug
Luft- und Raumfahrzeuge
Raumfahrzeug

Straßenfahrzeug

Fahrzeugbau (m) (Sg.)

Feinmechanik (f) (Sg.)

Fertigware (f) (-n)

Lederwaren (Pl.)

Maschine (f) (-n)
Büromaschinen
Büromaschinen, EDV (Elektronische Datenverarbeitungs)-Geräte

Maschinenbau (m) (Sg.)
Maschinenbauerzeugnis (n) (-se)

Nahrungsmittel (Pl.)
Nahrungs- und Genussmittel
Nahrungsmittel und Tabakwaren (Pl.)

Optik (f) (Sg.)
Optik und Feinmechanik (f) (Sg.)

Produkt (n) (-e)
chemische Produkte
elektrotechnische Produkte

Agrarprodukte (n) (-e) (z.B. Gemüse, Getreide, Obst)

Stahl (m) (Sg.)

Tabakwaren (Pl.)

Textilien (Pl.)

6.5.2. Bodenschätze

Bauxit (m) (-s, -e)

Eisenerz (n) (-e)

Erdgas (n) (-e)

Erdöl (n) (-e)

Salz (n) (-e)
  Kalisalz
  Kochsalz

Kohle (f) (-n)
  Braunkohle
  Steinkohle

Kupfer (n) (Sg.)

Rohphosphat (n) (-e)

6.6. Nationale Besonderheiten

Arbeitszeit (f) (-en)
  tarifliche Arbeitszeit

  Höchstarbeitszeit
    gesetzliche Höchstarbeitszeit

Feiertag (m) (-e)
  kirchlicher vs. staatlicher Feiertag

Laden (m) (")
  den Laden öffnen (vs. schließen)
    Ladenöffnungszeit (f) (-en)
  den Laden schließen

  Ladenschluss (m) (Sg.)
    Ladenschlussgesetz (n) (Sg.)

öffnen vs. schließen
geöffnet vs. geschlossen sein — der Laden ist von ... bis ... geöffnet vs. geschlossen

Urlaub (m) (Sg.)
Jahresurlaub — Viele Industriearbeiter haben einen Jahresurlaub von 30 Urlaubstagen.

Urlaubstag (m) (-e)
Urlaubszeit (f) (Sg.)
tarifliche Urlaubszeit

7. Europäische Union

(Zusammenstellung: Bernd Desinger)

7. 1. Europäische Union: Allgemeines

abhängig sein von (D)
  von der Zustimmung des Europäischen Parlaments abhängig sein

abmachen (A) (= vereinbaren (A))
  Abmachung (f) (-en) (= Vereinbarung (f) (-en))

Abkommen (n) (-)
  ein Abkommen (zwischen A und B) schließen
  ein Abkommen unterzeichnen
  Maastrichter Abkommen

abschaffen (A)
  Abschaffung (f) (Sg.)
    Abschaffung der Zollgrenzen

angehören (D)
  einer Organisation angehören

Ausschuss (m) ("e)
  einen Ausschuss bilden
  ein Ausschuss tagt
  einen Ausschuss wählen
  ein Ausschuss tritt zusammen

Befugnis (f) (-se) Die Befugnisse des Europäischen Parlaments lassen sich einteilen in Kontrollrechte, Haushaltsrechte, Legislative und Beratungsrecht.

Beitrag (m) ("e)
  einen Beitrag zahlen
    Beitragszahler (m) (-)

beitreten (D) Österreich ist 1995 der EU beigetreten.
  Beitritt (m) (zu (D)) der Beitritt zur EU

Beitrittsgesuch (n) (-e)
ein Beitrittsgesuch einreichen

bekanntmachen (A)
amtlich bekanntmachen (= verkünden (A))

Bestimmung (f) (-en) Bestimmungen zur Beschäftigungspolitik
nationale Bestimmungen
Bestimmungen erlassen

beteiligt sein an (D) (= s. beteiligen an (D))
Das Europäische Parlament ist an der Aufstellung des Haushalts beteiligt.

Einfluss (m) ("e)
den Einfluss ausweiten

s. einsetzen für jdn. / etwas sich für sozialen Ausgleich im Binnenmarkt einsetzen

entscheiden über (A)
Entscheidung (f) (-en)
eine Entscheidung treffen

entsenden (A) (= schicken) (jdn. von einem Ort zur Erfüllung eines Auftrags an einen andern Ort schicken)

erlassen (A)
eine Amnestie erlassen
ein Gesetz erlassen
In der EU kann nur der Rat Rechtsakte mit Gesetzeskraft erlassen.

ernennen (A) jdn. zu etwas (D) ernennen
Ernennungsverfahren (n) (-)

Europa (n) (Sg.)
europäisch

Europäischer Gerichtshof
Europäisches Parlament
Europäische Union (= EU (f) (Sg.))
EU-Recht (n) (Sg.)

das EU-Recht in nationales Recht umsetzen

festlegen (A) — Der Europäische Rat legt die allgemeinen Leitlinien der europäischen Politik fest.

Funktion (f) (-en)

Gesetz (n) (-e)
- ein Gesetz beraten
- ein Gesetz beschließen
- ein Gesetz einbringen
- ein Gesetz erlassen
- ein Gesetz verabschieden

Gesetzesentwurf (m) ("e)
- einen Gesetzesentwurf einbringen
- einen Gesetzesentwurf vorlegen

gewährleisten (A) — Der Europäische Gerichtshof soll gewährleisten, dass das Gemeinschaftsrecht in allen EU-Staaten einheitlich angewandt wird.

Gipfeltreffen (n) (-)
- das Gipfeltreffen findet statt
- ein Gipfeltreffen veranstalten
- ein Gipfeltreffen vereinbaren

Institution (f) (-en) — Zu den Institutionen der EU gehören die Europäische Kommission (= die „Regierung“), der Europäische Rat und das Europäische Parlament.

Integration (f) (Sg.)

Kommissar (m) (-e)
- einen Kommissar ernennen — Die Kommissare werden von den Regierungen ihres Heimatlandes ernannt.

Kommission (f) (-en)
- EU-Kommission (f)

kontrollieren (A)

Kontrolle (f) (-n)
Grenzkontrolle

Mitglied (n) (-er)
Mitglied(s)staat (m) (-en)

Organ (n) (-e) Zu den Organen der Europäischen Union gehören das Europäische Parlament, die Europäische Kommission, der EU-Ministerrat und der Europäische Gerichtshof.

Parlament (n) (-e)
das Parlament auflösen
das Parlament einberufen
ein neues Parlament wählen
das Parlament zusammenrufen

Plenarsitzung (f) (-en)

Recht (n) (-e)
EU-Recht (n)
das EU-Recht beachten vs. missachten

regeln (A)
Regelung (f) (-en)

Richtlinie (f) (-n)
Richtlinien umsetzen EU-Richtlinien in nationales Recht umsetzen

Sitz (m) (Sg.) Der Sitz des Europäischen Währungsinstituts ist Fankfurt a.M.

Staat (m) (-en)
Einzelstaat (m) (-en)
Mitglied(s)staat (m) (-en)
Partnerstaat (m) (-en)

Staatshaftung (f)

tagen
eine Tagung abhalten

Treffen (n) (-)
Gipfeltreffen (n) (-)

unterzeichnen (A) einen Vertrag unterzeichnen
Unterzeichnung (f) (Sg.)

vereinbaren (A)
Vereinbarung (f) (-en) (mit (D))
Kooperationsvereinbarung

Vertrag (m) ("e)
der Vertrag tritt in Kraft (= wird gültig) Der Vertrag tritt am 1. Jan. 1999 in Kraft.
einen Vertrag schließen

Vorschrift (f) (-en)

Vorsitz (m) (Sg.)
den Vorsitz führen
den Vorsitz innehaben

s. zusammensetzen aus (D) Der Rat setzt sich aus je einem Minister jedes Mitgliedstaates zusammen.

zuständig sein für (A)

7.2. Europäische Union: Wirtschaft, Finanzen

Agrarpolitik (f) (Sg.)
Gemeinsame Agrarpolitik (GAP)

Binnenmarkt (m) ("e)
den Binnenmarkt (auf andere Länder) ausdehnen
Europäischer Binnenmarkt

ECU (m) (-s) [engl. European Currency Unit] (= Verrechnungseinheit (f) der EU)

EU (f) (= Europäische Union)
EU-Steuerharmonisierung (f) (Sg.)

Euro (m) (-[s], -[s]) (= Zahlungsmittel der Europäischen Wirtschafts- und Währungsunion)
(1 Euro = 100 Cent)

(auf Euro lautende) Münzen und Banknoten in Verkehr bringen
den Euro herausgeben

Eurogeld (n) (Sg.)
Eurowährung (f) (Sg.)

Europäische Investitionsbank (EIB)
Europäischer Rechnungshof
Europäische Umweltagentur
Europäisches Währungsinstitut
Europäisches Währungssystem (das EWS)
Europäischer Wirtschafts- und Sozialausschuss
Europäische Wirtschafts- und Währungsunion
Europäische Zentralbank (EZB) (= Notenbank (f) der europäischen Währung)

finanzieren
Finanzierung (f) (Sg.)

fördern (A)
den Freihandel fördern

Förderung (f) (Sg.)

Freihandel (m) (Sg.) Freihandel für Industriegüter
den Freihandel ausweiten
den Freihandel vorantreiben

Freihandelsabkommen (n)

Freizügigkeit (f)

Geldwertstabilität (f) Zu den Aufgaben der Europäischen Zentralbank gehört die Überwachung der Geldwertstabilität.

Haushalt (m) (-e)
EU-Haushalt
Haushaltsdefizit (n) (-e)
das Haushaltsdefizit liegt bei x%
das Haushaltsdefizit übersteigt x%

Inflation (f) (Sg.)
- Inflationsrate (f)
  - die Inflationsrate liegt bei x%

Kriterium (n) (-ien)
- die Kriterien erfüllen
  - die Kriterien für die Aufnahme in die Währungsunion erfüllen
  - Konvergenzkriterien (Bedingungen für die Aufnahme in die Währungsunion)
    - Zu den Konvergenzkriterien zählen die Inflationsrate, das Haushaltsdefizit, die Staatsverschuldung, langfristige Zinsen und die Wechselkursschwankungen.

Kurs (m) (-e)
- Leitkurs
  - die Leitkurse anpassen (an (A))
  - die Leitkurse festlegen
- Marktkurs
  - die Marktkurse schwanken
- Wechselkurs
  - den Wechselkurs stabilisieren
    - Wechselkursmechanismus (m) (Sg.)

Staatsverschuldung (f) (Sg.)
- die Staatsverschuldung beträgt x% des Bruttoinlandsprodukts

Umrechnungskurs (m) (-e)
- die Umrechnungskurse festlegen

Verkehr (m) (Sg.)
- freier Verkehr (von (D)) freier Verkehr von Personen, Waren und Dienstleistungen
- Kapitalverkehr
- Personenverkehr
  - freier Personenverkehr

Währung (f) (-en)
- Währungskorb (m) (Sg.)
- Währungsreform (f) (-en)
- Währungsschwankung (f) (-en)
- Währungssystem (n) (-e)

Währungsunion (f) (Sg.)
an der Währungsunion teilnehmen

Wechselkurs (m) (-e)
Wechselkursschwankung (f) (-en)

Zahlungsmittel (n) (-)

Zins (m) (-en)
langfristige Zinsen

Zoll (m) ("e)
Zollschranke (f) (-n)
Zollschranken abbauen

zollfrei

Europäische Freihandelsvereinigung (EFTA [engl. European Free Trade Association])

Europäischer Wirtschaftsraum (der EWR) (Ausdehnung des Europäischen Binnenmarktes auf 3 der 4 EFTA-Länder)

II. Erweiterter Bereich

1. Unternehmensformen und -zusammenschlüsse

(Zusammenstellung: Hans Walter Frischkopf)

1.1. Unternehmensformen

Aktie (f) (-n)
Aktien beziehen (= kaufen)
Bezug (m) von Aktien
Bezugsrecht (n) (-e)
das Bezugsrecht ausüben
ein Bezugsrecht haben (Vorrecht (n) auf den Bezug von Aktien)
Aktien handeln Aktien werden an der Börse gehandelt.
Aktien kaufen (vs. verkaufen)

Belegschaftsaktie
Belegschaftsaktien ausgeben Eine AG kann an ihre Arbeitnehmer Belegschaftsaktien ausgeben.

Aktiengesellschaft (f) (-en)
Die Organe einer Aktiengesellschaft sind die Hauptversammlung, der Aufsichtsrat und der Vorstand.
Publikums-Aktiengesellschaft Aktiengesellschaften mit Tausenden von Aktionären nennt man Publikums-Aktiengesellschaften.

Aktionär (m) (-e) / Aktionärin (f) (-nen)

Alleinunternehmer (m) (-) Alleinunternehmerin (f) (-nen)
(= Einzelunternehmer (m) (-) / Einzelunternehmerin (f) (-nen))

Amtsgericht (n) (-e)

Anteil (m) (-e)
Mindestanteil Der Mindestanteil bei einer GmbH beträgt DM 500.
Anteileigner (m) (-)

Aufsichtsrat (m) ("e) — Der Aufsichtsrat überwacht die Geschäftsführung des Vorstandes.
    Aufsichtsratsmitglied (n) (-er)

beschließen (A)
    Beschluss (m) ("e)
        einen Beschluss fassen

Betrieb (m) (-e) (= Unternehmung (f) (-en))
    einen Betrieb gründen
    einen Betrieb leiten
    einen Betrieb vergrößern
    einen Betrieb verkleinern

    Handelsbetrieb
    Produktionsbetrieb

    Betriebswirtschaft (f) (Sg.)
        betriebswirtschaftlich

Dividende (f) (-n)
    Dividenden ausschütten

Eigentum (n) ("er)
    Eigentümer (m) (-) / Eigentümerin (f) (-nen)

Einlage (f) (-)
    mit seinen Einlagen haften

Einzelunternehmen (n) (-) (= Einzelunternehmung (f) (-en))

Einzelunternehmer (m) (-) / Einzelunternehmerin (f) (-nen)

Finanzierung (f) (Sg.) (Kapitalaufbringung (f) (Sg.))
    Eigenfinanzierung vs. Fremdfinanzierung

Firma (f) (-men)
    Firmenbezeichnung (f) (-en)
    Firmenname (m) (-n)

Genosse (m) (-n) / Genossin (f) (-nen)
    Genossenschaft (f) (-en)
        eingetragene Genossenschaft (eG)
        landwirtschaftliche Genossenschaft

        Konsumgenossenschaft
        Wohnungsbaugenossenschaft

        Genossenschaftsgesetz (n) (Sg.)
        Genossenschaftsregister (n) (-)

Gericht (n) (-e)
    Amtsgericht
    Finanzgericht
    Sozialgericht
    Verwaltungsgericht

Geschäft (n) (-e)
    Geschäftsbericht (m) (-e)
        den Geschäftsbericht entgegennehmen
        den Geschäftsbericht veröffentlichen
    Geschäftsführer (m) (-) / Geschäftsführerin (f) (-nen)
    Geschäftsführung (f) (Sg.) (= Geschäftsleitung (f) (Sg.))

die Geschäftsführung obliegt (D)	Bei einer GmbH obliegt die Geschäftsführung dem Geschäftsführer.

    Geschäftsleitung (f)

Gesellschaft (f) (-en)
    Gesellschaften (Personengesellschaften vs. Kapitalgesellschaften)

Kapitalgesellschaft (f) (-en)	Zu den Kapitalgesellschaften gehören die Aktiengesellschaft (AG), die Kommanditgesellschaft auf Aktien (KGaA) und die Gesellschaft mit beschränkter Haftung (GmbH).
Personengesellschaft (f) (-en)	Zu den Personengesellschaften gehören die offene Handelsgesellschaft (OHG) und die Kommanditgesellschaft (KG).

    Gesellschaft mit beschränkter Haftung (GmbH) (f)

Gesellschafter (m) (-) / Gesellschafterin (f) (-nen)
sich zusammenschließen — Um eine OHG zu gründen, müssen sich mindestens zwei Gesellschafter zusammenschließen.

Gesellschaftsanteil (m) (-e) — Bei einer AG heißen die Gesellschaftsanteile Aktien.
Gesellschaftsvertrag (m) ("e)
einen Gesellschaftsvertrag schließen

Gesetz (n) (-e)
Aktiengesetz — Für Aktiengesellschaften gilt das Aktiengesetz.
Genossenschaftsgesetz
GmbH-Gesetz

Gesetzbuch (n) ("er)
Handelsgesetzbuch (Sg.)

gründen
eine Firma gründen

Gründer (m) (-) / Gründerin (f) (-nen)

Gründung (f) (-en)
Firmengründung

haften für (A)
für die Schulden haften (= für die Schulden einstehen)
mit seinem Privatvermögen haften
in Höhe der Kapitaleinlage haften

Hafter (m) (-) / Haftende (m/f) (-n)
Teilhafter (m) (-) / Teilhafterin (f) (-nen)
(= Kommanditist (m) (-en, -en) / Kommanditistin (f) (-nen)) (bei einer KG)
Vollhafter (m) (-) / Vollhafterin (f) (-nen)
(= Komplementär (m) (-e) / Komplementärin (f) (-nen)) (bei einer KG)
Haftung (f) (Sg.)
beschränkte vs. unbeschränkte Haftung

Haftpflicht (f) (Sg.)

Kapital (n) (-ien)
das Kapital aufbringen (= beschaffen)

das Kapital beträgt ... DM
(das) Kapital in die Firma einbringen
das Kapital erhöhen
Kapital freisetzen
Kapitalfreisetzung (f) (Sg.)

Betriebskapital
Eigenkapital vs. Fremdkapital
Gesellschaftskapital
Grundkapital
Mindestkapital
Stammkapital

Kapitalabfluss (m) (Sg.)
Kapitalbeschaffung (f) (Sg.)
Kapitaleinlage (f) (-n)
die Höhe der Kapitaleinlage bestimmen (= festlegen)
mit der Kapitaleinlage haften
die Höhe der Kapitaleinlage vorschreiben
Kapitalgesellschaft (f) (-en) — Zu den Kapitalgesellschaften gehören die AG und die GmbH.
Kapitalumstrukturierung (f) (-en)

Kommanditgesellschaft (f) (-en) (= KG)

Nachschusspflicht (f) (Sg.) (= Haftung, die über die Kapitaleinlage hinausgeht)
begrenzte vs. unbegrenzte Nachschusspflicht

offene Handelsgesellschaft (f) (-en) (= OHG)

Organ (n) (-e)
beschlussfassendes Organ
Person (f) (-en)
natürliche Person vs. juristische Person
Aktiengesellschaften sind juristische Personen.

Personengesellschaft (f) (-en)

Recht (n) (-e)
Rechtsform (f) (-en)

Rechtspersönlichkeit (f) (Sg.)

Register (n) (-)
etwas in das Register eintragen / eintragen lassen
Handelsregister (HG)
Genossenschaftsregister (GR)
Vereinsregister (n) (VR)

Satzung (f) (-en)
die Satzung ändern
Satzungsänderung (f) (-en)
eine Satzungsänderung beschließen

Schulden (Pl.)
Schulden machen vs. tilgen
für die Schulden haften

Sperrminorität (f) (Sg.)

Stimme (f) (-n)
eine Stimme haben

Stimmenmehrheit (f) (Sg.)
Stimmrecht (n) (Sg.)
das Stimmrecht haben

abstimmen (über etwas)
Abstimmung (f) (-en)

Teilhaber (m) (-) / Teilhaberin (f) (-nen)

Unternehmen (n) (-)
Unternehmen des öffentlichen Rechts vs. Unternehmen des privaten Rechts

öffentlich-rechtliches Unternehmen	(Träger: Gemeinden, Länder, der Bund) (z.B. Städtische Verkehrsbetriebe)
Unternehmen des privaten Rechts	(Einzelunternehmung vs. Gesellschaften vs. Genossenschaften)

ein Unternehmen leiten
Unternehmensleitung (f) (Sg.)

Unternehmer (m) (-) / Unternehmerin (f) (-nen)

Unternehmung (f) (-en) (= Betrieb (m))
eine Unternehmung betreiben
eine Unternehmung führen
eine Unternehmung umwandeln — eine Einzelunternehmung in eine offene Handelsgesellschaft umwandeln

Unternehmungsführung (f) (Sg.)
Unternehmungsziel (n) (-e)
das Unternehmungsziel festlegen

Vermögen (n) (-)
Geschäftsvermögen
Privatvermögen

Versammlung (f) (-en)
Generalversammlung
Gesellschafterversammlung
Hauptversammlung
die Hauptversammlung einberufen
Jahreshauptversammlung

Vorsitzende (m/f) (-n)

Vorstand (m) ("e) — Der Vorstand ist der gesetzliche Vertreter der AG.
den Vorstand bestellen — Der Aufsichtsrat bestellt den Vorstand.

Vorstandsmitglied (n) (-er)
Vorstandsvorsitzende (m/f) (-n)

Zahl (f) (-en) — die Zahl der Gründer
Mindestzahl (f) — die Mindestzahl der Gesellschafter

1.2. Unternehmenszusammenschlüsse

aufkaufen
Aufkauf (m) ("e)

Beteiligung (f) (-en)

kapitalmäßige Beteiligung

Fusion (f) (-en)
fusionieren

Gesellschaft (f) (-en)
Muttergesellschaft vs. Tochtergesellschaft

Holding (f) (-s) (= Holding-Gesellschaft (f) (-en), Dachgesellschaft (f) (-en))

Kartell (n) (-e)
Ausfuhrkartell
Einfuhrkartell
Preiskartell
Rabattkartell
Spezialisierungskartell

Kartellabsprache (f) (-n) (= Kartellabmachung (f) (-en))
Gegenstand von Kartellabsprachen können z.B. Rabatte, Normen oder Preise sein.
Kartellgesetz (n) (-e)

Bundeskartellamt (n) (Sg.)

Konglomerat (n) (-e)

Konzern (m) (-e)
multinationaler Konzern
horizontaler Konzern vs. vertikaler Konzern

einen Konzern bilden
Konzernbildung (f) (-en) Konzernbildungen erfolgen oft über kapitalmäßige Beteiligungen.

Marktbeherrschung (f) (Sg.)

selbstständig vs. unselbstständig
Selbstständigkeit (f)
rechtliche vs. wirtschaftliche Selbstständigkeit

die Selbstständigkeit bleibt (nicht) erhalten

die Selbstständigkeit aufgeben vs. behalten (= bewahren)

Sperrminorität (f) (Sg.)

Syndikat (n) (-e)

Tochtergesellschaft (f) (-en) vs. Muttergesellschaft

Trust (m) (-s/-e)

verflechten
  Verflechtung (f) (-en)
    kapitalmäßige vs. personelle Verflechtung

verschmelzen
  Verschmelzung (f) (-en) (= Fusion (f) (-en))

Unternehmenszusammenschluss (m) ("e)	Zu den Unternehmenszusammenschlüssen gehören z.B. die Fusion, das Kartell und der Konzern.
Wettbewerbsbeschränkung (f) (-en)	Gesetz gegen Wettbewerbsbeschränkung (Kartellgesetz)

s. zusammenschließen
  Zusammenschluss (m) ("e)
    wirtschaftlicher vs. rechtlicher Zusammenschluss

2. Tarifparteien, Betriebsrat

(Zusammenstellung: Hans Walter Frischkopf)

2.1. Arbeitgeber, Arbeitnehmer

s. annähern
  Annäherung (f) (-en) (= Näherkommen (n) (Sg.))
    eine Annäherung der gegensätzlichen Positionen erreichen (bei gegensätzlichen Positionen einer Einigung näherkommen)

anstellen (A)
  Angestellte (m/f) (-n)
    leitende Angestellte (z.B. Prokurist (m) (-en, -en) / Prokuristin (f) (-nen))

arbeiten
  Arbeit (f) (-en)
    Arbeiter (m) (-) / Arbeiterin (f) (-nen)

    Kurzarbeit (vollzeitige Stelle, aber kürzere Arbeitszeit als normal)
    Teilzeitarbeit vs. Vollzeitarbeit
      Teilzeitarbeiter (m) (-)

    arbeitslos
      Arbeitslose (m/f) (-n)
        Arbeitslosenquote (f) (-n)
        Arbeitslosenzahl (f) (-en)

    Arbeitgeber (m) (-) / Arbeitgeberin (f) (-nen)
      vs. Arbeitnehmer (m) (-) / Arbeitnehmerin (f) (-nen)
        Zu den Arbeitgebern gehören Selbstständige, Kapitalgesellschaften, Bund, Länder, Gemeinden u.a.
      Arbeitgeberverband (m) ("e)
        Zu den Arbeitnehmern gehören Arbeiter, Angestellte, Beamte und Auszubildende.
      Arbeitnehmervertreter (m) (-) / Arbeitnehmervertreterin (f) (-nen)
    Arbeitsentgelt (n) (-e)   Das Arbeitsentgelt eines Arbeiters ist der Lohn.
    Arbeitsgericht (n) (-e)
    Arbeitskampf (m) ("e)

Mittel des Arbeitskampfes sind der Streik und die Aussperrung.
Arbeitskämpfe um tarifvertraglich festgelegte Materien
Arbeitsplatz (m) ("e) (= Arbeitsstelle (f) (-n), Stelle (f) (-n))
Arbeitsplatzgarantie (f) (Sg.)
(= Beschäftigungsgarantie (f) (Sg.), Beschäftigungssicherung (f) (Sg.))
Arbeitszeit (f) (-en)
die Arbeitszeit senken vs. erhöhen
die Arbeitszeit verkürzen
Arbeitszeitverkürzung (f) (-en)
Höchstarbeitszeit
gesetzliche Höchstarbeitszeit
Regelarbeitszeit

ausfallen
Im Falle eines Streiks fällt der Verdienst aus.
Verdienstausfall (m) (Sg.)

aussperren (A) vs. streiken
Die Arbeitnehmer wurden vom Arbeitgeber ausgesperrt.
Aussperrung (f) (-en)

Belang (m) (-e)
für die Belange der Arbeitnehmer eintreten

Belegschaft (f) (-en) (die Arbeitnehmer eines Unternehmens)

beschäftigen
Beschäftigte (m/f) (-n)
abhängig (= unselbstständig) Beschäftigte (= Arbeitnehmer) vs. Selbstständige (m/f) (-)

Beschäftigung (f) (Sg.)
Vollbeschäftigung vs. Arbeitslosigkeit
Beschäftigungsgarantie (f) (Sg.)
Beschäftigungssicherung (f) (Sg.)
Beschäftigungssuchende (m/f) (-n)

Bundesarbeitsgericht (n) (Sg.)

s. einigen   Die beiden Tarifparteien haben sich geeinigt.
Einigung (f) (Sg.)

zu einer Einigung kommen (= sich einigen)

erwerbstätig (= berufstätig) vs. erwerbslos (= arbeitslos)
Erwerbstätige (m/f) (-n) (jd., der arbeitet und dafür bezahlt wird)
vs. Arbeitslose (m/f) (-n)

Erwerbstätigkeit (f) (Sg.) (= Berufstätigkeit (f) (Sg.))

fordern vs. ablehnen
Was die Gewerkschaft fordert, lehnt der Arbeitgeberverband ab.

Gehalt (n) ("er) vs. Lohn (m) ("e)

Gewerkschaft (f) (-en)
einer Gewerkschaft angehören (D)
einer Gewerkschaft beitreten (D)

Branchengewerkschaft
das Prinzip der Branchengewerkschaft (= das „Industrieprinzip")
Industriegewerkschaft (= die IG)

Gewerkschaftsführer (m) (-) / Gewerkschaftsführerin (f) (-nen)
Gewerkschaftsleitung (f) (Sg.)
Gewerkschaftsmitglied (n) (-er)

gewerkschaftlich
gewerkschaftlich organisiert sein

Interesse (n) (-n)
Interessen vertreten (= Interessen wahrnehmen)
Interessen wahrnehmen Der Verband nimmt die Interessen der Mitglieder wahr.

Lohn (m) ("e) vs. Gehalt (n) ("er)
Bruttolohn vs. Nettolohn
Mindestlohn
Leistungslohn
Soziallohn
Zeitlohn

Lohnarbeit (f) (Sg.)

Lohnarbeiter (m) (-) / Lohnarbeiterin (f) (-nen)
Lohnausgleich (m) (Kompensation für niedrigeren Lohn)
Lohnkosten (Pl.)
die Lohnkosten verringern vs. erhöhen
Lohnsteigerung (f) = Lohnerhöhung (f) = Anhebung (f) der Löhne / Bezüge

Mitglied (n) (-er)
Mitgliederschwund (m) (Sg.) der Mitgliederschwund der Gewerkschaften
Mitgliedsstärke (f) (Sg.) die Mitgliedsstärke der Gewerkschaft

Organisationsgrad (m) (Sg.) der Organisationsgrad der Arbeitnehmer vs. der Arbeitgeber
der Organisationsgrad der Arbeitnehmer beträgt x%

Satzung (f) (-en) die Satzung einer Gewerkschaft, eines Verbandes

scheitern Die Tarifverhandlungen sind gescheitert.
Scheitern (n) (Sg.)
das Scheitern (der Tarifverhandlungen) erklären

schlichten (A)
einen Konflikt / Tarifkonflikt / Streit schlichten

Schlichtung (f) (Sg.)
Schlichtungskommission (f) (-en)
Schlichtungsverfahren (n) (-)

Selbstständige (m/f) (-n)

Sozialpartner (m) (-) (die Sozialpartner: Arbeitgeber und Arbeitnehmer)

Spitze (f) (Sg.) (die oberste Leitung)
Spitzengespräch (n) (-e) (= Gespräch auf oberster Ebene [z.B. zwischen den Vorsitzenden der Tarifparteien])

streiken
Streik (m) (-s) vs. Aussperrung (f) (-en)
befristeter (vs. unbefristeter [= zeitlich nicht limitierter]) Streik
wilder Streik

einen Streik abbrechen
einen Streik abwenden (= verhindern)
zu einem Streik aufrufen vs. einen Streik abbrechen
einen Streik einstellen (stoppen)

Warnstreik

Streikkasse (f) (-n)

Tarif (m) (-e)
Tarifautonomie (f) (Sg.)
Der Staat gewährt den Tarifparteien Autonomie bei den Verhandlungen.
Tarifgespräch (n) (-e) (= Tarifverhandlung (f) (-en))
laufende Tarifgespräche / Tarifverhandlungen
Tarifgespräche aufnehmen vs. abbrechen
Tarifgespräche führen
Tarifkompromiss (m) (-e)
einen Tarifkompromiss schließen
einem Tarifkompromiss zustimmen (damit einverstanden sein)
Tarifpartei (f) (-en)
Tarifpartner (m) (-)
Tarifrunde (f) (-n)
Tarifverhandlung (f) (-en)
Tarifverhandlungen führen
Tarifvertrag (m) ("e)
flächendeckender Tarifvertrag
einen Tarifvertrag abschließen
einen Tarifvertrag verhandeln
Lohn- und Gehaltstarifvertrag
Manteltarifvertrag (= Rahmentarifvertrag)
Rahmentarifvertrag
Der Rahmen- oder Manteltarifvertrag regelt allgemeine Fragen wie Arbeitszeit, Urlaubsdauer, Kündigungsfristen, Zuschläge für Überstunden usw.

Überstunde (f) (-n)

umstritten (kontrovers) sein vs. unumstritten sein

Urabstimmung (f) (-en)
eine Urabstimmung durchführen

die Urabstimmung hat ergeben, dass

Urlaub (m) (Sg.)
Urlaubszeit (f) (Sg.)
gesetzliche vs. betriebliche Urlaubszeit

Zuschlag (m) ("e)
jdm. einen Zuschlag (für Überstunden) gewähren

2.2. Mitbestimmung

Akte (f) (-n)
Personalakte

Amt (n) ("er)
ein Amt ausüben — Die Betriebsratsmitglieder üben ihr Amt normalerweise neben ihrer Arbeit aus.

anhören (A)
Anhörung (f) (-en)
Anhörungsrecht (n) (Sg.)

Antrag (m) ("e)
über einen Antrag abstimmen
einen Antrag annehmen vs. ablehnen
einen Antrag stellen — In der Betriebsversammlung können die Arbeitnehmer Anträge stellen.

s. aussprechen
Aussprache (f) (-n) (= Diskussion) — Es kommt zu einer Aussprache zwischen dem Betriebsrat und den Arbeitnehmern.

beraten (A)
Beratung (f) (-en)
Beratungsrecht (n) (Sg.)

Bericht (m) (-e)
einen Bericht (über etwas (A)) erstatten (= abgeben)

bestellen (A) zu (D)
jdn. zu etwas / als etwas (z.B. Direktor) bestellen vs. jdn. von etwas (einem Amt, einer Funktion) abberufen

Betrieb (m) (-e)
betrieblich
innerbetrieblich   die innerbetriebliche Ordnung

Betriebsrat (m) ("e)
Betriebsverfassung (f) (Sg.)
Betriebsverfassungsgesetz (n) (Sg.)
Betriebsversammlung (f) (-en)
eine Betriebsversammlung abhalten
eine Betriebsversammlung einberufen

Einblick nehmen in (A) (hineinsehen, um etwas zur Kenntnis zu nehmen, zu erfahren)
vs. jdm. Einblick in etwas gewähren (= geben)
Einblick in seine Personalakte nehmen

einhalten (A)
Gesetze / Verordnungen / Regeln einhalten (= beachten) vs. missachten
Der Betriebsrat sorgt dafür, daß die Verordnungen zur Arbeitsunfallverhütung eingehalten werden.

Einspruch (m) ("e)
Einspruch erheben
Einspruchsrecht (n) (Sg.)

s. erstrecken auf (A) (= betreffen (A))
Die Beteiligungsrechte erstrecken sich auf das gesamte betriebliche Geschehen.

freistellen (A)
von etwas freigestellt werden   Der Betriebsrat wurde von der Arbeit freigestellt.

Jugendausschuss (m) ("e)

kündigen (D)
jdm. die Stelle kündigen

Kündigung (f) (-en)
Kündigungsfrist (f) (-en)

Leistungsbeurteilung (f) (-en)

mitbestimmen
Mitbestimmung (f) (Sg.)
das Recht auf Mitbestimmung (A) haben
Mitbestimmungsrecht (n) (Sg.)

mitsprechen
Mitsprache (f) (Sg.)
Mitspracherecht (n) (Sg.)
das Mitspracherecht fordern

Parität (f) (-en)
paritätisch
paritätisch besetzt
paritätische Mitbestimmung

Drittelparität

Personal (n) (Sg.)
Personalrat (m) ("e)
Personalvertretung (f) (Sg.)
Personalvertretungsgesetz (n) („Betriebsverfassungsgesetz" in Verwaltungen und Betrieben des Bundes, der Länder und Gemeinden)

Recht (n) (-e)
das Recht auf (A)
das Recht, zu (+ Inf.)

Anhörungsrecht (n) (Recht auf Anhörung; das Recht, angehört zu werden)
Widerspruchsrecht (n) (Sg.)
ein Widerspruchsrecht (bei Kündigungen) haben (das Recht haben, Widerspruch zu erheben (einzulegen), die Zustimmung zu verweigern)

Sprecherausschuss (m) ("e) („Betriebsrat" von leitenden Angestellten)

Stellung nehmen zu etwas (etwas kommentieren; seine Position darlegen)
In der Betriebsversammlung können die Arbeitnehmer zum Bericht des Betriebsrats Stellung nehmen.

Stichentscheid (m) (Sg.)
ein Vorsitzender mit Stichentscheid

stilllegen
einen Betrieb stilllegen Der Betrieb wurde stillgelegt.

Stilllegung (f) (-en) die Stilllegung eines Betriebs

umfassen (A) (= einschließen (A))Die Beteiligungsrechte umfassen soziale, personelle und wirtschaftliche Angelegenheiten.

Unfall (m) ("e)
einen Unfall verhüten
Arbeitsunfallverhütung (f) (Sg.)

unterrichten (A) (= informieren (A))
Unterrichtung (f) (Sg.)
Unterrichtungsrecht (n) (Recht, unterrichtet zu werden)

verlegen (A)
einen Betrieb (an einen andern Ort) verlegen
Verlegung (f) (-en) die Verlegung eines Betriebs

versetzen (A)
einen Arbeitnehmer versetzen (an einem andern Ort einsetzen)
Versetzung (f) (-en) die Versetzung eines Arbeitnehmers

wählen (A)
wählbar sein (gewählt werden können)

Wahl (f) (-en)
eine Wahl durchführen

wahlberechtigt sein (das Recht haben zu wählen)

Wirtschaftsausschuss (m) ("e)

zustimmen (D)
Zustimmung (f) (zu etwas (D))
die Zustimmung (zu etwas) geben vs. verweigern
Der Betriebsrat kann die Zustimmung zu einer Versetzung verweigern.

3. Nationale und internationale Organisationen und Einrichtungen

(Zusammenstellung: Hans Walter Frischkopf)

3.1. Nationale Organisationen und Einrichtungen

3.1.1. Industrie- und Handelskammern

Auslandshandelskammer (f) (-n) (AHK)

Deutscher Industrie- und Handelstag (= DIHT)
(= Dachorganisation der Industrie- und Handelskammern in der BRD)

Industrie- und Handelskammer (f) (-n) (= IHK)

ausstellen (A) Ursprungszeugnisse ausstellen

beraten (A)
Beratung (f) (-en)

Firmennachweis (m) (Sg.)
die AHK um Firmennachweis bitten

fördern (A)
die gewerbliche Wirtschaft fördern
Förderung die Förderung von Handelsbeziehungen

Information (f) (-en)
jdm. Informationen zugänglich machen
Informationsdienst (m) (-e)

Interesse (n) (-en)
die Interessen der Wirtschaft vertreten

Tätigkeitsgebiet (n) (-e)

unterstützen (A)
Mitgliedsunternehmen unterstützen

vermitteln (A)

Vermittlung (f) (Sg.)
Kooperationsvermittlung

3.1.2. Arbeitgeberverbände, Gewerkschaften, Industrieverbände

Arbeitgeberverband (m) ("e)

Bundesvereinigung (f) der Deutschen Arbeitgeberverbände (= die BDA)

Gewerkschaft (f) (-en)
Christlicher Gewerkschaftsbund (= der CGB)
Deutsche Angestellten-Gewerkschaft (= die DAG)
Deutscher Beamtenbund (= der DBB)
Deutscher Gewerkschaftsbund (= der DGB)

Interesse (n) (-n)
Interessen vertreten (gegenüber (D)) Die BDA vertritt die Interessen der Arbeitgeber gegenüber den Gewerkschaften.

3.2. Internationale Organisationen und Einrichtungen

angehören (D) Dem Internationalen Währungsfonds gehören über 180 Staaten an.

angeschlossen sein (D) einer Organisation angeschlossen sein

Aufgabe (f) (-n)
eine Aufgabe erfüllen
die Aufgabe haben, etwas zu (+ Inf.)
die Aufgabe übernehmen, etwas zu (+ Inf.)

Bedingung (f) (-en) (für (A)) (z.B. Kreditvergabe)
Bedingungen stellen vs. erfüllen

beitreten (D) einer Organisation beitreten
Beitritt (m) (Sg.)
den Beitritt beantragen

entwickeln (A)
Entwicklung (f) (-en)

Entwicklungshilfe (f) (Sg.)
Entwicklungshilfeprojekt (n) (-e)
Entwicklungsland (n) ("er)

finanzieren (A)
Finanzierung (f) (Sg.) die Finanzierung von Projekten

fördern (A)
Förderung (f) (Sg.)
Förderprogramm (n) (-e)

Funktion (f) (-en)
die Funktion haben, etwas zu (+ Inf.)

gründen (A)
Gründung (f) die Gründung der Weltbank

Handel (m) (Sg.)
Handelsabkommen (n) (-)
Handelsbarriere (f) (-en) (= Handelshemmnis (n) (-se)
Handelsbarrieren abbauen
Handelsbarrieren errichten
Handelsbeziehung (f) (-en)
Handelsbeziehungen unterhalten mit (D)
Handelszone (f) (-n)
Freihandelszone (f) (-en)

Kredit (m) (-e)
Kredit beantragen (erbitten)
jdm. Kredit gewähren (vs. verweigern)
Kredit vergeben an (A)
Kreditvergabe (f) (Sg.) an (A)

Mitglied (n) (-er)
Mitgliedsland (n) ("er)
Mitglied(s)staat (m) (-en)

Projekt (n) (-e)
ein Projekt finanzieren
ein Projekt unterstützen

Schwellenland (n) ("er)

Sitz (m) (Sg.)
    den Sitz in x haben

Währung (f) (-en)
    Währungsbeziehung (f) (-en)
    Währungspolitik (f) (Sg.)
        internationale Währungspolitik
        währungspolitisch

Welt (f) (-en)
    Dritte Welt (f) (Sg.)

    Welthandel (m) (Sg.)
        den Welthandel ausweiten
Zusammenarbeit (f) (Sg.)
    internationale Zusammenarbeit

Allgemeines Zoll- und Handelsabkommen (= GATT (n) [General Agreement on Tariffs and Trade]) (bis 1995)
Europäische Freihandelszone (= EFTA (f) [European Free Trade Association])
Europäische Union (= EU (f))
Europäischer Wirtschaftsraum (= EWR (m))
Internationaler Währungsfonds (IWF (m)) (= International Monetary Fund – IMF)
Organisation Erdöl exportierender Länder (f) (= OPEC (f))
    [Organization of Petroleum Exporting Countries])
Organisation für wirtschaftliche Zusammenarbeit und Entwicklung (f)
    (= OECD (f) [Organization for Economic Cooperation and Development])
Weltbank (f) (World Bank – International Bank for Reconstruction and Development)
Welthandelsorganisation (f) (WHO (f))
    [= WTO (World Trade Organisation)] (Nachfolgeorganisation von GATT)

III. Fakultativer Bereich

1. Kommunikationswesen

(Zusammenstellung: Hans Walter Frischkopf)

abfragen (A)
Abfrage (f) (Sg.)
Abfrage von Produktinformationen im Internet

abrufen (A) Informationen abrufen

Anbieter (m) (-)

analog vs. digital

Anlage (f) (-n)

anrufen (A)
Anrufbeantworter (m) (-)

Anschluss (m) ("e)
Datex-Anschluss
ISDN-Anschluss
Telefonanschluss

anwenden (A)
Anwender (m) (-)
Anwendung (f) (-en)

Anzeigefeld (n) (-er)

Befehl (m) (-e)

Benutzer (m) (-) / Benutzerin (f) (-nen)
Benutzeroberfläche (f) (-n)

Bildschirm (m) (-e)
    Bildschirmanzeige (f) (-n)
    Bildschirmtext (m) (= Btx)

Breitband (n) (Sg.)

Browser (m) (-) (= Steuerprogramm (n) (-e))

Chip (m) (-s, -s)
Computer (m) (-)
    Textcomputer (m) (-)
    Personalcomputer (m) (-) (= PC (m) (-s, -s))

Cursor (m) (-s) (= Schreibmarke (f) (-n))

CD-ROM (f) (- / -s) (= Nur-Lese-Speicher (m) auf CD)

Cyberspace (m) (Sg.)

Datei (f) (-en)

Daten (Pl.)
    Datenaustausch (m) (Sg.)
    Datenautobahn (f) (Sg.)
    Datenbank (f) (-en)
    Datennetz (n)
    Datenterminal (n) (-s, -s) (= Datenendstation (f) (-en), Abfragestation (f) (-nen))
    Datenübertragung (f) (Sg.) computergestützte Datenübertragung
        Datenverarbeitung (f) (Sg.)
            elektronische Datenverarbeitung (= EDV (f))
        Datenverarbeitungsanlage (f) (-n)

digital vs. analog
    Digitaltechnik (f) (Sg.)

    digitalisieren
        Digitalisierung (f) (Sg.)

diktieren
    Diktafon (n) (-s, -e)

Diktat (n) (-e)
Stenodiktat

Diskette (f) (-n)

Diskussionsforum (n) (-ren)

drucken (A)
Drucker (m) (-)
ausdrucken

EDV (f) = elektronische Datenverarbeitung

Eingabetaste (f) (-n)

Einzelplatzsystem (n) (-e) vs. Mehrplatzsystem (n) (-e)

E-Mail (f) (-s) (= elektronische Post) (Sg.)
E-Mail-Adresse (f) (-n)

Fernkopierer (m) (-) (= Telefaxgerät (n) (-e))
Fernkopie (f) (-n) (= Telefax (n) (-, -e))
eine Fernkopie (ein Telefax oder Fax) schicken

Fernmeldedienst (m) (-e)
Fernmeldenetz (n) (-e)
Fernmeldewesen (n) (Sg.)

fernsehen
Fernsehen (n) (Sg.)
Kabelfernsehen
Fernseher (m) (-)

Fernsprechnetz (n) (-e)
Fernsprechverkehr (m) (Sg.)

Fernschreiber (m) (-) (= Telexgerät (n) (-e))
fernschriftlich (= mit einem Telex) antworten

Festplatte (f) (-n)

Format (n) (-e)
formatieren
Formatierung (f) (Sg.)
Formatierungsbefehl (m) (-e)

Funkdienst (m) (Sg.)

Gerät (n) (-e)
Bürogerät
Fotokopiergerät
Teletexgerät
Telexgerät

Gespräch (n) (-e)
ein Gespräch führen
Ferngespräch vs. Ortsgespräch
ein Ferngespräch führen

Glasfaser (f) (-n)
Glasfaserkabel (n) (-)
Glasfasertechnologie (f) (-n)

Grafik (f) (-en)

Hacker (m) (-)

Halbleiter (m) (-)

Handy (n) (-s, -s)

Hardware (f) (Sg.) vs. Software (f) (Sg.)

Hauptmenü (n) (-s)

Hochtechnologie (f) (-n)

Homepage (f) (-s) (= Startseite (f) (-n), Empfangsseite (f) (-n))

Informatik (f)
Informatiker (m) (-) / Informatikerin (f) (-nen)

Information (f) (-en)

interaktiv

Internet (n) (-s, -s)
    Zugang (m) zum Internet haben
    Internet-Anbieter (m) (-)
    Internet-Nutzer (m) (-)
    Internet-Seite (f) (-n)
    Internet-Zugang (m) ("e)

Klammeraffe (m) (-n) (= @)

klicken
    Klick (m) (-s, -s)
        Mausklick
            mittels Mausklick
    anklicken (A)   die Adresse anklicken

Kommunikation (f) (Sg.)   Kommunikation über Satelliten
    Satellitenkommunikation
    Telekommunikation
        Telekommunikationsmarkt (m) ("e)
        Telekommunikationstechnologie (f) (-n)

    Kommunikationsmedium (n) (-ien)
    Kommunikationssystem (n) (-e)
    Kommunikationstechnologie (f) (-n)
    Kommunikationswesen (n) (Sg.)

Kopie (f) (-n)
    kopieren

    Fernkopie (f) (-n)
        Fernkopierer (m) (-)
    Fotokopie (f) (-n)
        fotokopieren
        Fotokopiergerät (n) (= Fotokopierer (m) (-))

laden (A)

aus dem Internet auf den PC laden
herunterladen (A)
Software aus dem Internet herunterladen

Laptop (m) (-s, -s)

Laufwerk (n) (-e)
Diskettenlaufwerk

Leitseite (f) (-n)

Link (m/n) (-s) (= Verweis (m) (-e))
Hyper-Link

Listserv-Gruppe (f) (-n)

loggen
ausloggen
einloggen

Mailbox (f) (-en)

Mailing Liste (f) (-n)

Medium (n) (-ien)
Multimedia (n) (-)
multimedial

Mehrplatzsystem (n) (-e)

mitteilen (D, A) dem Kunden per Fax die Lieferfrist mitteilen
Mitteilung (f) (-en)
Mitteilungen erstellen
Mitteilungen übermitteln

mobil
mobile Kommunikationsmittel

Mobilfunk (m) (Sg.)
Mobilfunknetz (n) (-e)

Mobilkommunikation (f) (Sg.)
Mobiltelefon (n) (-e)

Modem (m/n) (-s, -s)

Monitor (m) (-s, -en/-e)

Notebook (n) (-s, -s)

Nutzer (m) (-)

Office-Lösung (f) (-en)
Office-Programm (n) (-e)
Office-Paket (n) (-e)

online
online gehen

Online-Anbieter (m) (-)
Online-Dienst (m) (-e)
Online-Katalog (m) (-e)

Ordner (m) (-)

Pager (m) (-)

Programm (n) (-e)
Grafikprogramm
Tabellenkalkulationsprogramm
Präsentationsprogramm

programmieren (A) den Computer programmieren
Programmierer (m) (-) / Programmiererin (f) (-nen)

rechnen
Rechner (m) (-) (= Computer (m))
Zentralrechner (m) (-)
Rechnerknotenpunkt (m) (-e) (= Provider (m) (-))

scannen (= mit einem Scanner abtasten)

Scanner (m) (-)
Scanning (n) (Sg.)

Schreibmarke (f) (-n) (= Cursor (m))

Schreibmaschine (f) (-n)
elektrische Schreibmaschine
elektronische Schreibmaschine

etwas auf der Schreibmaschine schreiben (= etwas tippen)
Speicherschreibmaschine (f) (-n)

Server (m) (-)

Software (f) (Sg.) vs. Hardware (f) (Sg.)

speichern (A)Daten / Text speichern
Speicher (m) (-)
Speicherkapazität (f) (-en)
Speicherschreibmaschine (f) (-n)

Standleitung (f) (-en)

Startseite (f) (-n) (= Homepage (f))

stenografieren
Stenogramm (n) (-e)
Stenodiktat (n) (-e)

suchen
Suchdienst (m) (-e)
Suchmaschine (f) (-n)

surfen
im Internet surfen
Surfer (m) (-)
Internet-Surfer

Symbol (n) (-e)
Symbolleiste (f) (-n)

System (n) (-e)
  Anwender-System
  Betriebssystem

  System-Anwender (m) (-)

Tabelle (f) (-n)
  Tabellenkalkulation (f) (-en)

Taste (f) (-n)
  eine Taste drücken
  Tastatur (f) (-en)

Telebanking (n) (Sg.)

Telebrief (m) (-e)

Telefax (n) (-, -[e])
  Telefaxgerät (n) (-e)

Telefon (n) (-e)
  Telefonanschluss (m) ("e)
  Telefondienst (m) (Sg.)
  Telefonkarte (f) (-n)
  Telefonnetz (n) (Sg.)

  telefonieren mit jdm.

Telefoto (n) (-s)

Telegramm (n) (-e)
  ein Telegramm aufgeben
  ein Telegramm übermitteln

Teleshopping (n) (Sg.)

Teletexgerät (n) (-e)

Telex (n) (-e)
  ein Telex schicken

Telexgerät (n) (-e)

Text (m) (-e)
einen Text aufrufen
einen Text ausdrucken
einen Text bearbeiten
einen Text editieren
einen Text eingeben
einen Text korrigieren
einen Text speichern
einen Text verarbeiten

jdm. etwas übermitteln (A)
Texte und Bilder übermitteln

übertragen (A)
Übertragung (f) (Sg.)
Datenübertragung
Übertragungsprotokoll (n) (-e)

verarbeiten (A) Daten / Text verarbeiten
Verarbeitung (f) (Sg.)
Datenverarbeitung
Textverarbeitung
Textverarbeitungsprogramm (n) (-e)

verbinden
Verbund (m) (Sg.)
Medienverbund (m) (Sg.)

vernetzen
Vernetzung (f) (Sg.)

Web (n) (= World Wide Web (n), = WWW (n))
im Web einkaufen

Webmaster (m) (-)
Web-Nutzer (m) (-)
Web-Seite (f) (-n)

2. Versicherungswesen

(Zusammenstellung: Hans Walter Frischkopf)

Vgl. Kernbereich 2: Soziale Sicherheit, Sozialversicherung

Anspruch (m) ("e)
    einen Anspruch ablehnen
    einen Anspruch durchsetzen
    Anspruch erheben auf (A)
    einen Anspruch / Ansprüche geltend machen
    einen Anspruch stellen auf (A)

Begünstigte (m/f) (-n) (= Bezugsberechtigte (m/f) (-n))

Beitrag (m) ("e)
    den Beitrag zahlen
    Beitragsbemessung (f) (Sg.)

Bezugsberechtigte (m/f) (-n)

beschädigen

decken (A)   Die Versicherung deckt die Güter während der Reise.
    Deckung (f)

entschädigen (A)
    Entschädigung (f) (-en)

Geschädigte (m/f) (-n)

Gewalt (f) (Sg.)
    höhere Gewalt

haften
    haftbar
    Haftung (f) (Sg.) (für (A))
        die Haftung übernehmen
    Haftpflicht (f) (Sg.)

Klausel (f) (-n)

kündigen (A)
eine Versicherung / einen Versicherungsvertrag kündigen
Kündigung (f) (-en)

Laufzeit (f) (Sg.) die Laufzeit der Police

Makler (m) (-) / Maklerin (f) (-nen)
Versicherungsmakler (m) (-) / Versicherungsmaklerin (f) (-nen)

Police (f) (-n)
eine Police ausstellen
eine Police erneuern
eine Police kaufen
die Police kündigen
die Police tritt am ... in Kraft
eine Police verkaufen

Abschreibepolice
Einzelpolice
Generalpolice
Globalpolice
Zusatzpolice
Versicherungspolice

Prämie (f) (-n)
die Prämie festsetzen

Risiko (n) (-s/-ken)
ein Riskio abdecken
ein Risiko eingehen

Risikoversicherung (f) (-en)

Schaden (m) (")
den Schaden ersetzen
den Schaden in Höhe der Versicherungssumme ersetzen
Schadenersatz (m) (Sg.)

Feuerschaden
Personenschaden
Sachschaden
Totalschaden
Vermögensschaden

Schadensfall (m) ("e)
einen Schadensfall bearbeiten
Schadensanzeige (f) (-n)

beschädigen (A)
entschädigen (A)
Entschädigung (f) (-en)
verlängern (A)
die Versicherung verlängern
Verlängerung (f) (-en)

Verlust (m) (-e)

s. verpflichten — Der Versicherer verpflichtet sich, alle Verluste zu ersetzen.

versichern (A)
versichern lassen (A)
versichert sein (bei einer Versicherungsgesellschaft)
unterversichern vs. überversichern
versicherbar vs. unversicherbar

Versicherer (m) (-) vs. Versicherungsnehmer (m) (-)
Versicherte (m/f) (-n)

Versicherung (f) (-en)
freiwillige Versicherung vs. Zwangsversicherung
gesetzliche vs. private Versicherung
eine Versicherung abschließen (gegen (A))
eine Versicherung nehmen (= etwas versichern lassen)
die Versicherung verlängern

Exportkreditversicherung
Frachtversicherung
Gebäudeversicherung

Güterversicherung
Gütertransportversicherung
Haftpflichtversicherung
Produkthaftpflichtversicherung
Kaskoversicherung
Kreditversicherung
Hermes Kreditversicherung (f) (im Auftrag des Bundes)
Personenversicherung vs. Sachversicherung vs. Vermögensversicherung
Privatversicherung vs. Sozialversicherung
Rechtsschutzversicherung
Transportversicherung
Seetransportversicherung
Rückversicherung
Sozialversicherung vs. Privatversicherung
Vermögensversicherung
Zusatzversicherung

Versicherungsbeitrag (m) ("e)
Versicherungsgegenstand (m) ("e)
Versicherungsgesellschaft (f) (-en)
Versicherungshöhe (f) (Sg.)
Versicherungsnachweis (m) (Sg.)
als Versicherungsnachweis dienen
Versicherungsnehmer (m) (-)
Versicherungspflicht (f) (Sg.)
Versicherungsprämie (f) (-n)
die Versicherungsprämie zahlen
Versicherungsschutz (m) (Sg.)
Versicherungssumme (f) (-n)
Versicherungsträger (m) (-)
Versicherungsvertrag (m) ("e)
Versicherungsvertreter (m) (-) / Versicherungsvertreterin (f) (-nen)
Versicherungszertifikat (n) (-e)
ein Versicherungszertifikat ausstellen

3. Abgaben und Steuern

(Zusammenstellung: Hans Walter Frischkopf)

Abgabe (f) (-) Zu den Abgaben gehören Steuern und Zölle.
  Sozialabgabe

abführen (A)
  Steuern an die Gemeinden abführen

absetzen (A)
  etwas von der Steuer absetzen

abziehen (A) etwas von der Steuer abziehen
  Abzug (m) ("e)
    Steuerabzug (m) ("e)
    abzugsfähig

aufschlagen (A) Steuern auf den Kaufpreis aufschlagen

belegen (A) etwas mit einer Steuer belegen

besteuern (A)
  Besteuerung (f) (Sg.)

Ertrag (m) ("e)
  ertragsabhängig vs. ertragsunabhängig
    ertragsabhängige Steuern

Finanzamt (n) ("er)

Freibetrag (m) ("e) für (A) (z.B. Fahrkosten)

Steuer (f) (-n) (auf (A)) Verbrauch(s)steuer auf Lebensmittel
  direkte vs. indirekte Steuer
  indirekte Steuer Indirekte Steuern sind im Preis einer Ware einbegriffen.

  Steuern abführen (an das Finanzamt)
  von der Steuer abschreiben

Steuerabschreibung (f) (-en)
Steuern entrichten
Steuern erheben Bund, Länder und Gemeinden erheben Steuern.
Steuern erhöhen (vs. senken)
Steuern erlassen
Steuererlass (m) (Sg.)
Steuern hinterziehen
Steuerhinterziehung (f)
Steuern senken (vs. erhöhen)
Steuern zahlen

steuerfrei
steuerpflichtig
Steuerpflichtige (m/f) (-n)

Besitzsteuer vs. Verkehr(s)steuer vs. Verbrauchersteuer
Zu den Besitzsteuern gehören die Personensteuern und die Realsteuern (= Sachsteuern).
Einkommen(s)steuer
Gewerbesteuer
Grundsteuer
Grunderwerb(s)steuer
Kapitalertrag(s)steuer
Körperschaft(s)steuer
Kraftfahrzeugsteuer
Lohnsteuer
Lohnsteuer-Jahresausgleich (m)
Mehrwertsteuer
Mineralölsteuer
Personensteuer (z.B. Einkommensteuer, Erbschaftsteuer)
Realsteuer (z.B. Gewerbesteuer, Grundsteuer)
Umsatzsteuer
Verbrauch(s)steuer (z.B. Tabaksteuer, Mineralölsteuer)
Verkehr(s)steuer (z.B. Kapitalverkehrsteuer, Umsatzsteuer)
Vermögen(s)steuer
Wechselsteuer
Wertpapiersteuer

Steueranteil (m) (-e)
Steueraufkommen (n) (Sg.)

Steuerbegünstigung (f) (-en)
Steuerbelastung (f) (-en)
Steuerbescheid (m) (-e)
Steuerbescheinigung (f) (-en)
Steuereinnahme (f) (-n)
Steuererhöhung (f) (-en) vs. Steuersenkung (f) (-en)
Steuererklärung (f) (-en)
  die Steuererklärung einreichen
Steuergeld (n) (-er)
Steuergutschrift (f) (-en)
Steuerklasse (f) (-n)
Steuerlast (f) (Sg.)
Steuermaßnahme (f) (-n)
  Steuermaßnahmen ergreifen
Steueroase (f) (-n)
Steuerpflicht (f) (Sg.)
  beschränkte vs. unbeschränkte Steuerpflicht
  Steuerpflichtige (m/f) (-n)
Steuerprogression (f) vs. Steuerregression (f)
Steuerprüfer (m) (-) / Steuerprüferin (f) (-nen)
Steuerprüfung (f) (-en)
Steuerregression (f)
Steuersatz (m) ("e)
  hoher vs. niedriger Steuersatz
Steuersenkung (f) (-en)
Steuertarif (m) (-e)
Steuerträger (m) (-)
Steuervergünstigung (f) (-en)
Steuerverwaltung (f) (Sg.)
Steuerzahler (m) (-)
Steuerzahlung (f) (-en)

versteuern

Zoll (m) ("e)
  verzollen (A)   eine Ware verzollen
  zollpflichtig vs. zollfrei

  Zoll erheben
  den Zoll erhöhen (= anheben, heraufsetzen)

Zollerhöhung (f) (-en)
den Zoll senken (= herabsetzen)

Einfuhrzoll
Ausfuhrzoll
Schutzzoll

Zollamt (n) ("er)
Zollbefreiung (f) (Sg.)
Zollsatz (m) ("e)
Zolltarif (m) (-e)
Zollunion (f) (Sg.)

4. Innerbetriebliche Organisationsformen

(Zusammenstellung: Hans Walter Frischkopf)

4.1. Instanzenaufbau, Leitungssysteme

abhängig vs. unabhängig
  Abhängigkeit (f) (-en) vs. Unabhängigkeit (f) (-en)

anordnen (A)
  Anordnung (f) (-en)
    jdm. Anordnungen erteilen

anweisen (A)
  jdn. anweisen, etwas zu tun
  Anweisung (f) (-en)
    jdm. Anweisungen erteilen (= geben)

Aufgabe (f) (-n)
  eine Aufgabe erfüllen
  Ausführungsaufgabe
  Entscheidungsaufgabe

ausführen (A)
  einen Auftrag ausführen
  Ausführung (f) (Sg.)
    Ausführungsebene (f) (-n)

befehlen (D, A)
  Befehl (m) (-e)
    jdm. einen Befehl erteilen

    Befehlsweg (m) (-e)

Befugnis (f) (-se)
  jdm. die Befugnis erteilen, etwas zu tun

  Anordnungsbefugnis
  Entscheidungsbefugnis

Leitungsbefugnis
Überwachungsbefugnis
Weisungsbefugnis

beauftragen (A)

beschließen (A)
Beschluss (m) ("e)
einen Beschluss fassen

besetzen (A) eine Stelle mit jdm. besetzen

bestimmen (A) die Unternehmenspolitik bestimmen

betrauen
jdn. mit einer Aufgabe betrauen

Direktorialsystem (n) (Sg.)

Disziplin (f) (Sg.)
Disziplinargewalt (f)

Einliniensystem (n) (-e) vs. Mehrliniensystem (n) (-e)

entscheiden
Entscheidung (f) (-en)
eine Entscheidung treffen

festlegen (A) Betriebsziele festlegen

Führung (f) (Sg.)
Führungsebene (f) (-n)
Führungsorganisation (f) (Sg.) (= Leitungsorganisation (f) (Sg.))
Führungsstil (m) (-e)
straffer Führungsstil

Geschäftsführung (f) (Sg.)

Hierarchie (f) (-n)
hierarchisch

Inhaber (m) (-) / Inhaberin (f) (-nen)
Firmeninhaber
Geschäftsinhaber
Stelleninhaber

Initiative (f) (-n)
Eigeninitiative

Instanz (f) (-en)
Instanzenweg (m) (-e)

Kollegialsystem (n) (-e)

Kompetenz (f) (-en)
Kompetenzbereich (m) (-e)
Kompetenzbereiche abstecken

kontrollieren (A)
das Betriebsergebnis kontrollieren

leiten (A)
Leiter (m) (-) / Leiterin (f) (-nen)
Abteilungsleiter (m) (-) / Abteilungsleiterin (f) (-nen)
Leitung (f) (Sg.)
die Leitung der Firma liegt in den Händen (+ Gen. / + von (D))

Leitungsaufgabe (f) (-n)
Leitungsbefugnis (f) (-se)
Leitungsebene (f) (-n)
oberste vs. mittlere vs. untere Leitungsebene
oberste Leitungsebene: Direktorialsystem vs. Kollegialsystem
Leitungsorganisation (f) (Sg.)
die Leitungsorganisation festlegen
Leitungssystem (n) (-e) (= Weisungssystem (n) (-e))
Einliniensystem vs. Mehrliniensystem vs. Linien-Stab-System
das Leitungssystem untersuchen
Leitungszuständigkeit (f) (-en)

Linienfunktion (f) (-en)

Linien-Stab-System (n)

Management (n) (-s, -s)

Mehrliniensystem (n) (-e) vs. Einliniensystem (n) (-e)

ordnen (A)
  nachordnen (A)
  überordnen (A)
  unterordnen (A)

organisieren (A)
  Organisation (f) (-en)
    durchsichtige Organisation
    einfache Organisation
    klare Organisation
    starre Organisation

    Organisationsform (f) (-en)
    Organisationsplan (m) ("e) (= Organigramm (n) (-e))

Problem (n) (-e)
  Probleme lösen

Rang (m) ("e)
  gleicher Rang
  hoher vs. niedriger Rang

regeln
  Regelung (f) (-en)

Stab (m) ("e)
  Stabsfunktion (f) (-en)
  Stabsstelle (f) (-en)   Stabsstellen habe keine Anordnungsbefugnisse.

Stelle (f) (-n)
  leitende Stelle
  übergeordnete vs. untergeordnete Stelle

  Stelleninhaber (m) (-) / Stelleninhaberin (f) (-nen)
  Stabsstelle (f) (-n)

steuern (A)　　die Zusammenarbeit steuern

Team (n) (-s)

Tragweite (f) (Sg.)　　die Tragweite einer Entscheidung

überwachen (A)
　Überwachung (f) (Sg.)

untergeben sein
　Untergebene (m/f) (-n) vs. Vorgesetzte (m/f) (-n)

untergeordnet sein
　Untergeordnete (m/f) (-n)

unterstellt vs. vorgesetzt　　unterstellte vs. vorgesetzte Mitarbeiter

Verantwortung (f) (Sg.)
　Verantwortung tragen für (A)
　Verantwortung übernehmen

　Gesamtverantwortung
　Verantwortungsbereich (m) (-e)
　　der Verantwortungsbereich umfasst / umschließt

vorgesetzt
　Vorgesetzte (m/f) (-n) vs. Untergebene (m/f) (-n)

Weisung (f) (-en)
　eine Weisung ausführen
　eine Weisung beachten

zuständig sein für (A)
　Zuständigkeit (f) (-en)
　　Anordnungszuständigkeit
　　Leitungszuständigkeit

　　Zuständigkeitsbereich (m) (-e)

zuweisen (D)　　jdm. eine Aufgabe zuweisen

4.2. Organigramm und Arbeitsabläufe

4.2.1. Aufbauorganisation

Abteilung (f) (-en)
    Abteilungsleiter (m) (-) / Abteilungsleiterin (f) (-nen)

Aufbau (m) (Sg.)   der Aufbau eines Unternehmens
    Aufbauorganisation (f)

Geschäftsleitung (f)

Leitung (f) (Sg.)
- kaufmännische Leitung vs. Betriebsleitung / technische Leitung
- kaufmännische Leitung (= kaufmännischer Bereich)
  - Absatz (m) (Sg.)
    - Absatzplanung (f) (Sg.)
    - Absatzvorbereitung (f) (Sg.)
  - Arbeitsbewertung (f) (Sg.)
  - Arbeitsplatzbesetzung (f) (Sg.)
  - Arbeitsplatzgestaltung (f) (Sg.)
  - Auftragsbearbeitung (f) (Sg.)
  - Ausbildungswesen (n) (Sg.)
  - Beschaffung (f) (Sg.)
    - Materialbeschaffung
  - Betriebsabrechnung (f) (Sg.)
  - Buchhaltung (f) (Sg.)
    - Betriebsbuchhaltung
    - Finanzbuchhaltung
    - Geschäftsbuchhaltung
  - Einkauf (m) (Sg.) vs. Verkauf (m) (Sg.)
  - Entlohnung (f) (Sg.)
  - Entwicklung (f) (Sg.)
  - Fakturierung (f) (Sg.)
  - Fernmeldewesen (n) (Sg.)
  - Finanzen (Pl.)
    - Finanzwesen (n) (Sg.)
    - Finanzwirtschaft (f) (Sg.)

Forschung (f) (Sg.)
Kasse (f) (Sg.)
Kostenrechnung (f) (Sg.)
Kundendienst (m) (Sg.)
Lagerhaltung (f) (Sg.)
Lagerwesen (n) (Sg.)
Lieferwesen (n) (Sg.)
Marketing (n) (Sg.)
Marktforschung (f) (Sg.)
Materialwirtschaft (f) (Sg.)
Personalabteilung (f) (Sg.)
Personalbüro (n) (Sg.)
Personalverwaltung (f) (Sg.)
Personalwesen (n) (Sg.)
Poststelle (f) (Sg.)
Rechnungswesen (n) (Sg.)
Rechtsabteilung (f) (Sg.)
Registratur (f) (Sg.)
Sozialwesen (n) (Sg.)
Steuerwesen (n) (Sg.)
Verkauf (m) (Sg.)
Versand (m) (Sg.)
Vertrieb (m) (Sg.)
Verwaltung (f) (Sg.)
Warenannahme (f) (Sg.)
Warenprüfung (f) (Sg.)
Werbung (f) (Sg.)

Betriebsleitung (f) (technischer Bereich)
Abnahme (f) (Sg.)
Anlagen (Pl.)
Bau (m) (Sg.)
Erprobung (f) (Sg.)
Erzeugnisgestaltung (f) (Sg.)
Fertigung (f) (Sg.)
Fertigungskontrolle (f) (Sg.)
Fertigungsplanung (f) (Sg.)
Forschung (f) (Sg.)
Erzeugnisforschung (Sg.)
Herstellung (f) (Sg.)

        Instandhaltung (f) (Sg.)
        Konstruktion (f) (Sg.)
        Kontrolle (f) (Sg.)
            Qualitätskontrolle
        Labor (n) (-s, -s/-e)
            Entwicklungslabor
        Lager (n) (Sg.)
            Rohmateriallager
            Zwischenlager
        Maschinen (Pl.)
        Materialwesen (n) (Sg.)
        Normung (f) (Sg.)
        Planung (f) (Sg.)
            Terminplanung
        Produktion (f) (Sg.)
            Produktionsplanung
        Wartung (f) (Sg.)
    Geschäftsleitung (f) (Sg.)
    Unternehmensleitung (f) (Sg.)

Organigramm (n) (-e) (= Organisationsplan (m) ("e))
    ein Organigramm erstellen

Unternehmensleitung (f) (Sg.) (= Geschäftsleitung (f) (Sg.))

4.2.2. Ablauforganisation

ablaufen Der Arbeitsprozess läuft nach folgendem Schema ab.
    Ablauf (m) ("e)
        Ablaufdiagramm (n) (-e) vs. Netzplantechnik (f)
            ein Ablaufdiagramm erstellen
        Ablauforganisation (f)
        Ablaufplanung (f)

        Arbeitsablauf (m) ("e)

Arbeit (f) (-en)
    Arbeitsablauf (m) ("e)
        Arbeitsablaufkarte (f) (-n)
    Arbeitsfluss (m) (Sg.)

Arbeitsgliederung (f)
Arbeitsinhalt (m) (-e)
Arbeitsort (m) (-e)
Arbeitsprozess (m) (-e)
Arbeitsprozessbogen (m) (-)
Arbeitsteilung (f) (Sg.)
arbeitsteilig
Arbeitszeit (f) (-en)
Arbeitszuordnung (f) (Sg.)

Teilarbeit (f)

auslasten
Auslastung (f) die Auslastung der Stellen

festlegen (A) den Zeitpunkt festlegen

Netzplantechnik (f) (Sg.)

Reihenfolge (f) (Sg.)
die Reihenfolge festlegen

steuern (A) den Arbeitsablauf steuern

Zeit (f) (-en)
Durchlaufzeit
die Durchlaufzeit der Aufträge

Zeitdauer (f) (Sg.)
Zeitfolge (f) (Sg.)
Zeitpunkt (m) (-e)
den Zeitpunkt bestimmen (= festlegen)

zuordnen (D, A) eine Teilarbeit einer Person zuordnen
Zuordnung (f) (-en)

REGISTER

Bernd Desinger
Leiter der Spracharbeit, Goethe-Institut Toronto

Hans Walter Frischkopf, M. A.
Faculty Lecturer, Department of German Studies, McGill University

Hannelore Hirn
Dozentin für Wirtschaft und Handel, Frankfurt a.M. und Toronto

Dr. Britta Hufeisen
Leiterin des Sprachenzentrums, TU Darmstadt

Friedrich-Wilhelm Kuebart
Lecturer, School of Languages and Literatures, University of Guelph

Dr. Manfred Prokop
Professor emeritus, Department of Modern Languages and Comparative Studies, University of Alberta

Dr. Ulrich Scheck
Associate Professor, Department of German, Queen's University

Dr. Helfried W. Seliger
Professor, Department of German, University of Toronto

Dr. Ursula Sherman
Senior Tutor, Department of German, University of Toronto